特別支援教育サポートBOOKS

マンガで学ぶ 特別支援教育
子どものココロと行動の読み解きガイド

高畑 芳美・高畑 英樹 著

JN190230

明治図書

はじめに

　年号が改まり，令和になりましたが，特別な支援を必要とする子ども達への教育は，これからも教育の原点にあることは変わらないでしょう。それ以上に，多様化する社会において，それぞれのよさをいかす優しい生き方，暮らし方は，ますます広がっていくのではないでしょうか。

　私は，30年以上，とても個性的な子ども達とその子ども達を愛情深く育てている保護者の方と共に歩んできました。彼や彼女はとてもユニークでいろいろなことをしたり言ったりして，私に「あっそうか」と新しい気づきを与えてくれます。このように言うと，すごくゆとりがあるように見えるかもしれませんが，そうではありません。

　きっと，この本を手にしてくださったあなたは，日々子どもと向き合うなかで，「なぜ？」「どうして？」と疑問が膨らみ，その疑問を解き明かしたいという思いで，ページをめくってくださっていることでしょう。私も同じです。私をこの世界に誘ってくれたさくらちゃんは，今の診断では，知的な遅れと自閉スペクトラム症を併せもつスレンダー美人でした。いつも右耳を押さえて，「さくらちゃん」と呼ぶと，ちらっと私を見て，「ンガー」と声を出してくれますが，一緒に遊ぼうとはしてくれませんでした。幼稚園に併設された通級指導教室に配属されたばかりの私は，さくらちゃんの90分の保育計画を立て，何とか彼女と一緒に遊びたいと思っていました。ヌルヌルベタベタが好きだとお母さんから伺い，フィンガーペインティングをしようと準備して待っていました。さくらちゃんは私の差し出す絵の具に目を輝かせ，手を伸ばしてくれたので，私は「やった」と一瞬喜びました。ところが，さくらちゃんは，絵の具の瓶をつかむや否や，園庭の金魚のいる池にドバッと絵の具を流し込み，あっけにとられている私の傍らで，服を全部脱いでドボーンと池に飛び込んで嬉々としていました。我に返った私は何とかさくらちゃんをシャワーで洗って，「まだ春の肌寒い時にすみません，風邪でもひかせてしまってはどうしましょう」とお母さんに謝りました。その時お母さんは，

「先生，大丈夫。さくらは先生を試しているのよ」と笑って言われました。私の浅はかな保育計画はこうして無残に打ち砕かれたのでした。この時から，私は，この愛すべき個性豊かな子ども達のことを真にわかりたいと思い，今日に至っています。

　このように頭の固い私でしたが，私には素晴らしい先生方との出会いがありました。スケールが大きく，常に行く先をお示しいただける竹田契一先生（特別支援教育士資格認定協会初代理事長・大阪教育大学名誉教授）や上野一彦先生（前 LD 学会会長・東京学芸大学名誉教授）が最新の LD 教育の世界を広げてくださいました。そして，私は，柔らかい物腰で子どもの指導をされる佐々木徳子先生（元横浜市立小学校通級指導教室教諭）と出会い，「通級指導」の原点を教えていただきました。また，個性豊かな子ども達とすぐに仲よくなれる魔法のような技（インリアルアプローチ）をもち，いつも周りにいる人のことを一番に考えて行動されていた故里見恵子先生（元大阪府立大学准教授）は，私のあこがれの人でした。できなくても，「あんな風になりたい」というあこがれの気持ちが，私の原動力です。いつの間にか，私の周りには同じ思いをもつ仲間がたくさんできました。いつも子どものことを中心に話ができ，知恵を出し合い協力し合える大切な仲間です。

　きっと子ども達も，その子ども達を保育・教育・支援するあなた自身も，かなえたい夢に向かっている今日の一歩があると思います。私は，その一歩をそばで一緒に走りながら応援したいと願っています。勇気を出して一歩を歩み出しましょう。一人ではできないことも，歩き出せば，自然に周りに道ができます。一人でも多く子どもの応援隊が増えることが，私の喜びです。

　残念ながら，この本には，「こうすればいい」という解答は書いてありません。ただ，夜の空にポツンと光る星のように，「あっそうか，こんな風に考えてみよう」と思えるヒントは散らばっていると思います。

　読者の皆様が，個性豊かな子ども達と明日も楽しく出会える一助にしていただけると幸いです。

ニャンコ先生こと　高畑　芳美

本書の特徴と使い方

この本は，6章構成になっています。

お読みいただくにあたり，参考になさってください。

それぞれの章は，独立していますので，どこから読み始めても見開き2頁で完結するような内容になっています。パラパラッと見て，興味のあるところから読んでいただいて構いません。

筆者の意図としては，

第1章は，特別支援教育の基本のおさらいです。大学等で保育士・幼稚園教諭，小・中の教職課程や心理学課程で学んできた用語の確認になります。これらの用語は，学生時代とは違い，現実の子ども達との経験をくぐった後に確認すると，その言葉のリアリティが実感できると思います。

それぞれに，9問ずつの○×問題がついています。特別支援教育コーディネーターとして，園内・校内の研修会でも，参加者の学習内容の確認として使っていただくこともできます。ちなみに，右下に解答を載せていますが，「どうして，これが○なの」と疑問をもたれる方もいらっしゃるでしょう。解答例は，ニャンコ先生・ニャンジー先生の見解です。視点を変えると違う答えになるかもしれません。右頁の解説では，興味をもってもっと学びたいと思われる方の参考になるような理論や方法を紹介しています。詳しくお知りになりたい方は，巻末の参考・引用文献の一覧をもとに，ぜひ原著にも手を伸ばしてください。

第2章から第4章は，それぞれ幼児・児童・生徒と年代別に，発達や心理，学習課題を中心に，典型的な「あるあるエピソード」をマンガにしています。「私の支援している子どもって，こんな段階だったのか」とか「私の指導のここが違う風に受け止められていたんだ」という気づきのヒントになるように解説しています。毎日の激務に追われている先生方が少しほっとし

て視点を切り替えられるようなニャンコ先生やニャンジー先生の一言アドバイスを入れています。マンガと一言アドバイスだけでも目を通してもらえたらいいかなと思っています。

　第5章は，保護者の支援です。きっと若い？先生達にとって，子どもの指導以上に神経を使うのが，保護者対応ではないでしょうか。しかし，困っている子どもと同じように，保護者も泣きたい位に困っています。ただ大人の分，素直な表現ができないのです。その保護者の心理を代弁すべく，失礼ながら保護者を動物に例えさせていただきました。クレーム対応で閉口した時，平常心を取り戻すためのキー（鍵）イメージとして，愛すべきハリネズミさんのキャラクターを思い出していただき，平常心を取り戻す一助にしていただけるのではないでしょうか。

　第6章は，今どの教育現場でも求められている校（園）内支援体制について整理してみました。子どもの適切な指導・支援をするためには実態把握・アセスメントが不可欠なように，私達支援者の置かれている指導現場にもアセスメントが必要です。立場もいろいろだと思います。まずはフローチャートで，「どこから始めるか」のスタートラインを探してみてください。それぞれの段階に，そこですべき内容の評価シートがついています。何がそろっていて，何がたりないか，その点検から始める体制づくりは，美味しい料理を作ることと似ています。みなさんの厨房である校（園）内の専門のシェフが腕を振るい，子ども達に栄養価の高い美味しいごはんを作ってあげてくださいね。

※なお，この本に登場する子どもは，私達がこれまでに関わった方々をヒントにさせていただいていますが，プライバシー保護のため，大幅な修正を加えておりますことをご理解ください。

CONTENTS

第3章
学童期の子どものココロと行動

第6章
校(園)内の支援体制づくり

第1章

発達と障がいを理解する 10のポイント

ここでは，基本的な発達と障がいの考え方を
クイズ形式でチェックしてみましょう。

ぼくは，まにゃビーと
言います。この章の道
先案内人なんだ。ぼく
といっしょに，クイズ
に挑戦してね。

発達と育ち
〜過程の捉え方〜

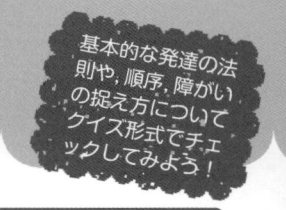
基本的な発達の法則や，順序，障がいの捉え方についてクイズ形式でチェックしてみよう！

発達は，右肩上がりに伸びていく。 **1**	発達は，12歳までしか伸びない。 **2**	発達は，退行することもある。 **3**
身体・運動能力・神経系などの領域により，発達曲線は異なる。 **4**	発達曲線には，幅がある。 **5**	発達は，年齢平均と比較する。 **6**
「三つ子の魂百まで」というように，3歳まで，すべてが決まる。 **7**	5歳児健診は，入学前健診があるので，必要がない。 **8**	7歳は，自我発達の節目の第一反抗期である。 **9**

あなたは，何問できたかな？

🌸 発達は，一直線ではなく，階段状に伸びていく

発達は，右肩上がりのグラフをイメージしますが，右図のように幅があり，ある段階でぐんと伸びたり，伸びが鈍ったりする特徴があります。

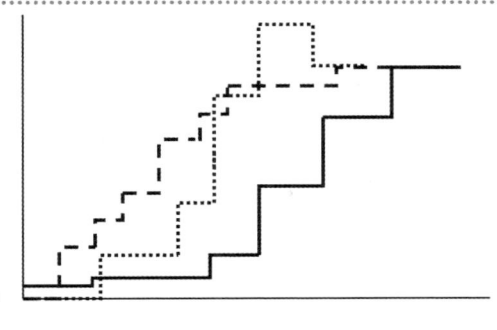

また，「スキャモンの発達曲線」を聞いたことがあるでしょう。スキャモンは，シカゴ大学の発達心理学者で，一口に発達といっても一般型・神経型・リンパ型・生殖型の4つの型の特徴があると述べています。知的能力や運動能力も，平均的な発達の順序は決まっていますが，子ども一人ひとりによって伸びる時期が違い，乳幼児期は特に発達の個人差が大きい時期です。

🌸 発達のプロセスを知り，子どもの育ちを見守る

私達は，「発達」という場合と，「育ち」という場合があります。「発達」とは，「成長していく**姿**」を指していますが，客観的に子どもを対象として見ているような印象を受けます。一方，「育ち」という場合は，「成長していく**過程**」に注目し，「育てる人」としての親や保育者・教師の関わり手も含めた捉え方であるとも言えます。その子どものちょうど伸びるタイミング（発達の節目）を捉えて，関わることが大切です。

みなさんは，どちらの立場で，子どもの成長を見守っていくのでしょうか。

> おおよその発達を捉えつつ，子どもの発達のプロセスを見守っていきましょう。

左頁の答え

発達の七五三
〜育ちの方向と順序〜

発達は，全体から部分へと伸びていく。**1**	発達は，連続的で，変化には順序がある。**2**	発達段階は，子どもの優劣を判断する尺度である。**3**
２歳までには，歩行と発語（一語文）が完成する。**4**	４歳頃には，利き手が確立する。**5**	６歳頃には，自己コントロール力（自制心）が身につく。**6**
ことばの発達を伸ばすためには，ことばだけに注目する。**7**	何回も練習や訓練をすれば，発達は促進される。**8**	できることは，何でも早めにさせることが大事である。**9**

あなたは，何問できたかな？

👣 人としての全体的な発達を捉える

他の子どもと比べて，「できていない」「遅れている」部分にだけ注目してしまいがちです。だからといって，その部分だけを伸ばそうと考えて関わっても，なかなかうまくいきません。それは，どの領域もどの段階も絡み合って，相互に影響し合い伸びていくものだからです。

👣 発達は，個人差があり，平均と比べるのではなく，経年変化を見る

発達は，生まれ月や生育環境によって大きく異なります。そこで，子どもの発達は，「だいたいこの年齢の頃には，このような様子が見られる」というように，おおよその平均的な姿であると理解し，「年齢の平均から遅れている」ことだけを，問題視しないようにしましょう。

👣 発達の方向性に注目しよう

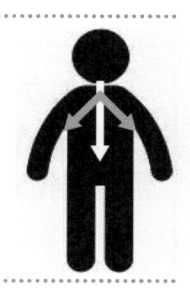

子どもの身体発達には2つの方向性があります。1つは，頭部から脚部へ，もう1つは，中心から周辺への方向です。つまり，ハイハイするためには，まず首がすわり，上半身を起こした腹ばいの姿勢をとれることが必要です。すると，手足が自由になり，這えるようになるのです。

👣 発達の力の獲得の道筋を捉えよう

京都の発達心理学者である田中昌人先生は，1歳半から2歳を行き戻りができ，違いのわかる「1次元可逆操作期」，3歳から4歳を2つのことが同時にできる「2次元形成期」，5歳から6歳を自分と人とモノを多面的に捉えられる「3次元形成期」と呼んでいます。昔から言われる七五三は，数え歳ですから，ちょうどこの発達の節目を意味していると考えられます。

早くできることより，方向や順序を考えて，土台をつくることが大切ですね。

左頁の答え

〇①	〇②	×③
〇④	〇⑤	〇⑥
×⑦	×⑧	×⑨

03 発達の節目は危機？チャンス？
〜ヴィゴツキーの発達の最近接領域〜

発達における段階の移行期のことを「発達の節目」という。**1**

やり方を説明すると，子どもはできるようになる。**2**

繰り返し同じ練習を続けると，子どもはできるようになる。**3**

子どもがやろうとしないことを無理強いしない。**4**

子どもが何度でもやり直そうとしている時は見守る。**5**

目標は，ちょっとがんばったらできるように設定する。**6**

ストレスにならないように，できないことはすぐ手助けする。**7**

真似してやりたくなるようなモデルを示す。**8**

失敗した時は，繰り返さないように「だめだ」と叱る。**9**

あなたは，何問できたかな？

🌸 発達の最近接領域ってなんだろう

心理学者ヴィゴツキーが提唱した知的発達水準の変容を捉える概念のことです。子どもが，今できていることと，一人でできるようになることの間の「他人のサポートがあればできる」領域のことを言います。

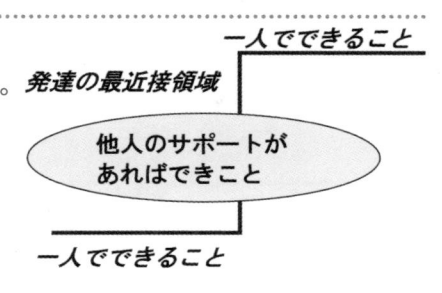

一人でできること

発達の最近接領域

他人のサポートがあればできこと

一人でできること

🌸 スモールステップってなんだろう

例えば，縄跳びが跳べるようになるためには，「こうしてごらん」とやって見せただけではできませんよね。両足跳びができる，縄を一定のリズムで回せる。縄が足元に来た時にタイミングよく跳ぶなど，少しずつ練習する必要があります。このように，練習内容を細かな部分に分けることをスモールステップと言います。ただ，大人の考えるステップが，その子どもにはまだ高すぎる場合もありますので，気をつけましょう。

🌸 「発達の節目」は，一度沈み込む

跳び箱を跳ぶ時，踏み台の所でいったん力をためて跳びますよね。この「ため」の時期は，子どもにとっても，できそうでできないイライラが生じるストレスフルな時期です。爪噛みをしたり，添い寝を要求したりと，発達がよどんだり退行したりして見える行動をとることもあります。目に見える行動だけに反応して，大人が揺れてしまわないように，子どもの伸びようとする力を信じて，しっかり見守ってあげましょう。

高く跳ぶためには，それなりの助走と，跳ね上がるための力をためる必要があるのです。

左頁の答え

人は死ぬまで発達？

～エリクソンの自我の発達～

人間が成長するのは，20歳までである。

1

神経系の発達は，生まれてから思春期までが著しい。

2

2，3歳児の第一反抗期は，「自我の芽生え」である。

3

表面的に変化が見られない時は，成長・発達していない。

4

思春期の反抗期は，厄介なので，できるだけない方がよい。

5

9歳前後の子どもの学力差は大きく，「9歳の壁」と言われる。

6

青年期は，身体的・心理的・社会的な側面のアンバランスが大きい。

7

自己と他者の視点の区別が難しい時期を，「自己中心的段階」という。

8

道徳性が発達すると，物事の善悪を結果だけで判断する。

9

あなたは，何問できたかな？

人生における発達課題とはなんだろう

　ドイツの心理学者エリクソンは，人の生涯の発達を自我形成の過程と捉えています。そして人が健常に生きるためには，各段階において達成しなければならない課題があると言い，それを「心理的課題」として示しています。こうしてみると，子どもを育てたり教育したりしている親や教師自身も，それぞれの課題をもって生きていると言えます。

人は出会いと別れを繰り返す

　発達段階の移行は，質的な変化を伴います。それは今までべったり母親にくっついていた幼児が，母親の元を離れ，友達との遊びを求めるように，母親の手と別れ，友達との絆を結ぶ「分離と結合の繰り返し」という象徴的な変化です。慣れ親しんだ手を離す不安はありますが，この変化を受け入れられることで，子どもは新しい世界を広げることができるのです。

もっている力をいかして，「今」を生きる

　このように発達段階が示されると，つい先のことを考えて「こうしておかないと後で困る」と考えてしまいがちです。しかし，子どもにとっては，先のことより今を十分生きることが大切です。それは，大人にも言えることかもしれません。

今ある力で，今を十分生きることを「最適化」と言うのです。

左頁の答え

遊びは発達の源
〜アクティブ・ラーニング〜

遊びと学習は，性質の違うものである。 **1**	遊びには，目的がなく，時間の無駄遣いである。 **2**	遊びに夢中になる子どもは，学習ができない。 **3**
遊びの中に，子どもが必要とする「学び」の要素がある。 **4**	遊びには，一人遊びや共同遊びなどの類型がある。 **5**	遊びは，乳幼児にとって大切な「学び」である。 **6**
友達と遊ぼうとしない子どもは，問題である。 **7**	同じ遊びしかしない子どもには，別の遊びを教える。 **8**	1つの遊びに集中させるために，玩具を制限する。 **9**

あなたは，何問できたかな？

遊びの反対が，勉強・仕事ではないはず

　大人は，遊びと勉強・仕事を対比させて，遊びは息抜き，役に立たないことのように捉えていますが，本来，人には他人から強制されず，自分の興味のままに夢中になって取り組む活動が必要不可欠なのです。そのような活動のことを遊びと言い，遊びにはその人らしさが表現されるものなのです。

遊びにも，発達が関係する

　アメリカの心理学者パーテンは，遊びの発達段階を次のように5つに分類しています。

①一人遊び・②傍観遊び　　　③並行遊び　　　④連合遊び・⑤協同遊び

　乳児期は，①と②の自分の口や手指を使った感覚遊びや動きを楽しむ時期です。そして，幼児期になると，③，④，⑤と周りの友達との関係の深まりや広がりと共に真似遊びやごっこ遊び，ボールを使ったゲームやダンスなどの友達と一緒に活動する遊びが増えてきます。

子どものやりたいを大切に

　この度の幼・小・中の指導要領の改訂では，アクティブ・ラーニングが注目されています。遊びにも学習にも存在する「学び」には，子どもの主体性や意欲を尊重することが重要になっています。このような学びの捉え方は，人種や環境の違いを超えた世界共通のビジョンでもあるのです。

「学び」の捉え方でくくると遊びも学習も，子どもにとっては重要な役割をもっていますね。

左頁の答え

× 1	× 2	× 3
○ 4	○ 5	○ 6
× 7	× 8	× 9

障がいと個性
〜特性の捉え方〜

障がいを診断されないと支援できない。 **1**	発達障害は，発達が遅れている。 **2**	発達障害の現れ方には，「遅れ」「偏り」「歪み」の3パターンがある。 **3**
「発達の遅れ」は，同じ年齢の子どもの大多数ができていることができない。 **4**	「発達の偏り」は，通常の子どもにも見られるが，程度の差が大きい。 **5**	「発達の歪み」は，通常の子どもには見られない特有の行動が見られる。 **6**
じっとできない子どもはすべてADHD（注意欠如多動症）である。 **7**	読み書き算数の苦手な子どもはすべてLD（学習障害）である。 **8**	視線を合わせない子どもはすべてASD（自閉スペクトラム症）である。 **9**

あなたは，何問できたかな？

🍀 一人ひとり違うことは個性

　十人十色ということばがあるように，子どもは皆それぞれ違った個性があります。障がいのある子ども達は，とても個性的な子どもなのです。ただし，そんな風に割り切るのは難しいでしょう。それは，「個性だから」と見逃すだけでは，子どもがうまく育たないからです。元 LD 学会会長の上野一彦先生は，「理解と支援を必要とする個性」と言われています。

🌸 「障がい」と「通常」はスペクトラム

　「障がいのある人」と「ない人」のように，二通りの人がいるのではありません。実際，障がいの程度もさまざまで，部分的に障がいの特性をもっている中間的な人もいます。現在は，このように連続しているという考え方として，「スペクトラム」の用語が使われるようになりました。

🍀 個性のある人が生きやすいインクルーシブな社会

　障がいのある人だけでなく，外国から来た人も高齢者も理解と支援が必要です。誰もがわかりやすく，生きやすい共生社会の在り方を支えるのがユニバーサルデザインで，建築家のロナルド・メイスの

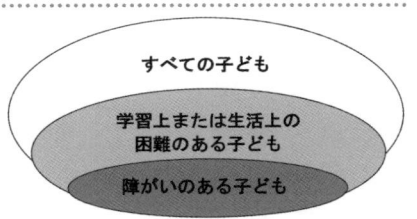

提唱した考え方です。中央教育審議会（2012年）による「共生社会の形成に向けたインクルーシブ教育システム構築のための特別支援教育の推進」（報告）には，「それにより，障がいのある子どもだけでなく，学習上生活上困難のある子どもを含んだ，すべての子どもによい効果をもたらすことができる」と説明されています。

インクルーシブ教育は，一人ひとりの個性をいかし，多様性を認める教育ですね。

特性を測るものさし
～子どもを理解するための視点～

LD（学習障害）には，基本的に知的な発達の遅れはない。 **1**

ADHD（注意欠如多動症）には，ボーッとする不注意はない。 **2**

ASD（自閉スペクトラム症）には，ことばの遅れややりとりの難しさがある。 **3**

LD（学習障害）は，聞く話す読む書く推論する力のアンバランスがある。 **4**

ADHD（注意欠如多動症）は，動きや欲求・感情のコントロールが難しい。 **5**

ASD（自閉スペクトラム症）は，人との関わりを拒否している。 **6**

LD（学習障害）の学習の問題は，怠けや努力不足である。 **7**

ADHD（注意欠如多動症）の落ち着きのなさは，躾ができてないからである。 **8**

ASD（自閉スペクトラム症）の人関係の弱さは，母親が放置したからである。 **9**

あなたは，何問できたかな？

🌸 障がい特性はどのように見るの？

「名前を呼んでも振り向かない」という行動の背景を考えても，

LD（学習障害）の場合

　→耳からの情報の聞きわけができず，誰を呼んだのかわからない

ADHD（注意欠如多動症）の場合

　→注意があちこちに向いて，呼ばれた声に気づかない

ASD（自閉スペクトラム症）の場合

　→人への関心の低さから，呼ばれたら返事をするということがわからない

のように，背景にある特性は違います。目に見える行動からだけではわからないので，それぞれの特性を表すものさしをあてて，行動の裏にあるその子どもの障がい特性を理解することが大切です。乳幼児期から青年期の子どもの指導・支援をするためには，基本的な5つのものさし（視点）が必要です。

①**知的能力のものさし**→全般的な知的レベルが何歳位かを考える

②**認知能力のものさし**→目や耳からの情報の受け止め，記憶や表現の仕方の得意・不得意さを考える

③**運動能力のものさし**→全身運動，微細運動，協調運動のどの動きが苦手か，左右差があるかを考える

④**コミュニケーションのものさし**→ことばの理解・表出のレベルと対人関係（社会性）面の適応の状態を考える

⑤**行動のコントロールのものさし**→注意力，集中力，衝動性の調整の効きを考える

あなたは，いくつのものさしをもって，子どもの理解ができますか？

左頁の答え

①○ ②× ③○
④○ ⑤○ ⑥×
⑦× ⑧× ⑨×

長所を伸ばし，短所に目をつぶる
〜LD・ADHD 対応の基本姿勢〜

指導，支援には，子どものよい面を見つけることが大切である。 **1**

効率よく指導するためには，できないことだけ取り出して練習させる。 **2**

失敗したことは，忘れないように何度も注意する。 **3**

好きなことだけやらせておけば，機嫌がよいので放っておく。 **4**

子どもが繰り返しやろうとするプロセスに注目して見守る。 **5**

失敗体験は，子どもが傷つくので，させないように手伝う。 **6**

子どもが失敗した時のくやしさや悲しさに寄り添える大人が必要である。 **7**

同じ量，同じ時間内にできることだけが，正解ではない。 **8**

その子どもなりの方法でやろうとすることを認めていく。 **9**

あなたは，何問できたかな？

🌸 早期発見は誰のため？

　発達の気になる子どもを早く見つけるために乳児期の健康診断では，各自治体でさまざまにチェックリストが工夫されています。「一生懸命子育てしているのにうまく子どもとかみ合わない」と親子の歯車がスムーズに回らないと悩む保護者の状態に，周囲が早く気づき，適切な支援をすることはとても重要です。

🌸 小さな「できる」を積み重ねる

　他の子ども達との集団生活を体験する中で，子どもなりに「やってみたい」「ああなりたい」という願いやあこがれをもちます。しかし，うまくいかない時，そばにいる大人から「駄目でしょう」「やり直し」と言われ続けると，どうでしょう。やる気もなくなってしまいますね。その子どもなりのやりやすい方法を見つけ，「できた」という成功体験をもつことは「自己有能感」を高めます。そのために，まずその子どもの長所，よい面を見つけましょう。

🌸 できることはゴールではない

　「できないこと」へ目を向けすぎると，一方的な働きかけになり，子どもを受け身にしてしまいます。また，「できた」結果だけを成果としてほめると，子どもは「できていなかった自分はだめな自分」と思ってしまうので注意が必要です。一緒にここまでやってきたプロセスをほめる，他の子どもと比べるのではなく，自分がやろうと思ったことができた喜びに共感しましょう。そのことが，自分を好きになり，次のやる気・意欲につながります。

認めて励ます歩みこそ，育ちの歯車を回す原動力になるのですね。

左頁の答え

○ 1	× 2	× 3
× 4	○ 5	× 6
○ 7	○ 8	○ 9

こだわりにこだわらない

～ASD 対応の基本姿勢～

人はみんな，何らかの儀式的行動（ルーティン）をもっている。

1

弁別力とは違いを見つける能力である。

2

ASD（自閉スペクトラム症）の子どもは，感覚のアンバランスをもちやすい。

3

こだわり行動は，不安な気持ちの時に出ることが多い。

4

決まったやり方でしか遊ばない子どもには，正しい遊び方を教える。

5

感覚のアンバランスは，訓練すればなくすことができる。

6

こだわり行動の裏側にある不安なことは何かを理解する。

7

決まったやり方にこだわる場合，横で楽しく違うやり方をして見せる。

8

感覚の受け止め方は，子どもによって違うので，恐怖体験にならないようにする。

9

あなたは，何問できたかな？

こだわる能力とは

　発達の節目でも少しふれましたが，1歳半の節目には「違いがわかる」という課題がありました。この課題を乗り越えるからこそ，「ママではない，パパ」「イヌではない，ネコ」という弁別力が身につき，ことばが飛躍的に増えるのです。半面，イヤイヤ期とも呼ばれる2歳児の「赤い靴しか履かない」「この道しか通らない」という反抗の姿にもなるのです。そして，ASD（自閉スペクトラム症）の子どもは，ある面この弁別力が優れ過ぎているため「この味でないと食べない」「この服しか着ない」というこだわりの姿を見せるのかもしれません。

こだわりのメリット

　食べる前に手を合わせる，寝る前に絵本を読むなど，子どもによっていつもする習慣化された行動があります。この儀式的行動のことをルーティンと言います。「こうしたらこうなる」と決まった形式であるため，見通しがもちやすく，気持ちを落ち着かせる効果があります。ASD（自閉スペクトラム症）の子どもにとっては，どういうルールがあるのか意味がわからない世界で生きていくためにはこのルーティン化されたやり方が唯一の安心できる方法と考えることができませんか。

こだわらないという選択肢

　一方，指導者側も自分なりの指導技術に対する自負があります。子どもと大人の「うまくいく」方法がずれた場合，なかなか子どものやり方が認められません。しかし，ここは大人側が一歩引いて，大人のこだわりを無理強いしないことが大切です。

子どものこだわりを何とかしたいというのが，大人のこだわりかもしれませんよ。

左頁の答え

○1	○2	○3
○4	×5	×6
○7	○8	○9

お助けグッズでOK
～ユニバーサルデザインと合理的配慮～

1. 一斉授業を円滑に進められるよう支援員をつけることが，合理的配慮である。

2. 一人ひとりに配慮するため，支援する子どもの人数分支援員が必要である。

3. 発達障害の子どもも一人だけ宿題を減らすのは，不公平である。

4. 同じ量の漢字を書かせるために，その子どもだけ時間を延長する。

5. 障がいがあるからタブレットの使用を認め，他の子どもには我慢させる。

6. 黒板の字が写せないので，代わりにノートを写してやる。

7. テストの時間を一律同じにすることは公平である。

8. 活動の切り替えが苦手な子どもは，好きなようにさせておくのが配慮である。

9. いつでもわかりやすいように，絵や写真で示すことが適切な視覚支援である。

あなたは，何問できたかな？

甘やかしや特別扱いと捉える社会の意識の改革

特別な配慮を必要とする子どもや保護者が声を上げにくいのは，「自分だけ違う」ことを恥ずかしいと思う心理が働くからです。

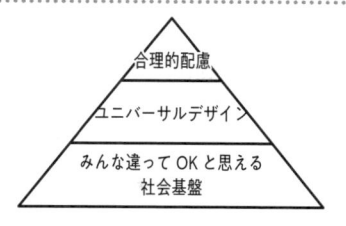

特別扱いされることでいじめられるのではと心配する保護者の声もよく耳にします。

ユニバーサルデザインや合理的配慮をいかすためには，周囲の子ども，保護者，指導者に対して「平等と公平の違い」の啓発を行い，「一人ひとりが違ってよいこと，必要とする支援が違うこと」を認め合える基盤づくりが重要です。

授業のユニバーサルデザインは授業改善

日本授業 UD 学会理事長である桂聖先生は，授業のユニバーサルデザインとは，「特別な支援が必要な子を含めて，通常学級の全員の子が，楽しく学び合い『わかる・できる』ことを目指す授業デザイン」と述べています。それは，鉛筆の補助具や ICT の活用という指導方法の工夫にとどまらず，教科教育と特別支援教育を連続的に考え，クラス全員の子どもの学びを支える授業をつくっていくことなのです。

合理的配慮は，同じことをさせるための支援ではない

2016年4月より障害者差別解消法が施行されました。学校における「合理的配慮」として，障害のある子どもがみんなと同じ授業を受けて理解していくために必要な支援が求められています。しかし，それは，支援員がついて他の子どもと同じ計算ドリルをさせるだけではないのです。子どもが自分に合う学び方で主体的に学習できることが大切です。指導者が，この授業で子どもにどのような力を身につけさせたいのか，問い直してみましょう。

> 平等と公平の意味をもう一度考えてみましょう。

左頁の答え

第2章

乳幼児のココロと行動

ここでは，主として，保育所や幼稚園で
よく見られる子どもの姿を読み解いてみましょう。

わたしは，ニャンコ先生です。幼児期の子ども達のココロと行動の不思議について説明します。

目と目で通じる
〜視線を合わせない ASD の子ども〜

はてな
?

　3歳児クラスの子ども達は，「次は何して遊ぶのかな」とキラキラした目で先生を見つめ，「ひよこ組さん」と言われて自分達のことと理解しています。

　ところが，イチ君は一人しらんぷり。先生が目を合わせて話しかけてもスッと視線をそらせます。それなのに，「ブランコ」というお気に入りの物を先生が呟いたとたん，先生の手だけ引っ張って園庭に駆け出しました。

🌸「目が合わない」ってどういうこと？

　　自閉スペクトラム症の子どものチェック項目には，必ず「目が合いますか」の項目があります。先生だけでなく，お母さんともなかなかピタッと目を合わせてくれることが少なく，「同じ極の磁石かと思う」と言われたお母さんもいました。名前を呼んでも反応はないのですが，好きな物は，ササッと見つけ，一言でピクンと反応します。視力や聴力の問題でないのは，明らかです。

🌸「目と目で通じる」ってどういうこと？

　　1歳前の乳児も，大人が見つめるとじーっと見つめ返します。「視線」ということばがピッタリくる位，見えない糸でつながっているような感覚です。

　　このことが，やがて人の気持ちに共感したり，視線の先にあるものに自分も視線を向けたりする〈共同注視〉する力になり，ことばが生まれます。

🌸「暗黙の了解」ってどういうこと？

　　特に日本人は，ことばとして表現しなくても，相手の目を見て察することができる文化を大事にしてきました。だから，「運動会がんばろう」という先生の掛け声に，目でうなずき，先生の目の合図だけで，体操の体型に広がることができるのです。

　　自閉スペクトラム症の子どもは，そうした視線の意味を理解することが難しいのです。自閉スペクトラム症の子どもにとって，見ることは認識することなのです。自分のタイミングでチラッと見て「誰かわかったのに，なぜじっと見ていないといけないの？」と逆に質問されました。目を合わせて微笑み合うことの意味を，もう一度ことばで説明する必要があるようです。

> ⭐ 親しい人には，目を見てにっこりしよう。
> ⭐ 相手がこっちを見たら，にっこりしよう。
> 　と，具体的にしてほしい行動を伝えましょう。

指さしは難しい
～要求はクレーン行動の ASD の子ども～

　ニイ君は電車が大好きな男の子です。製作した電車と床に貼ったテープを線路に見立てて遊んでいます。友達のツウちゃんが「入れて」と言いましたが，ニイ君は一人遊びに夢中でした。怒ったツウちゃんは電車を棚の上に隠してしまいました。ニイ君は大泣きし，近寄ってきた先生をつかみ引っ張りましたが，先生にはどうして手を引っ張られているのかわかりません。

🌸 人の手を使う不思議なクレーン行動

　自閉スペクトラム症の子どもは，自分の知っていることばは話せても，人への要求をうまく伝えることが苦手です。「どれが欲しいの」と聞かれて，母親の手をもって冷蔵庫の取っ手に押し当てる行動をとる子どももいます。あたかも母親の手を機械のクレーンのように使って，自分の要求を満たそうとするのです。視線は，母親には向けず，欲しい物の方だけを見ています。

🌸 指さしの3つの意味

　10か月位の乳児になると，散歩中に見つけた犬を見て，「あっ」と指さします。自分が見つけたものを伝えようとするコミュニケーションの道具としての指さしです。その後，指さしはどんどん進化していきます。

　発達心理学者の田中昌人先生は，この最初の指さしを，「志向の指さし」と呼んでいます。

　1歳前後になると，絵本を見て「これ，ワンワンだ」と言うように指さす行動が盛んになります。この指さしを「定位の指さし」と言います。それが1歳半頃になると，大人が「ワンワンどれ？」と言うと，「ワンワン」と応じて指さすことができるようになるのです。この指さしが「応答の指さし」で，大人も子どもと通じ合えた手ごたえを感じる指さしです。

🌸 どのタイプの指さしでしょう？

　先述したクレーン行動をとる子どもも成長すると，比較的早く「定位の指さし」は出てきますが，「応答の指さし」は難しいのです。健診では，「指さしは出ていますか」と保護者に尋ねられることが多いのですが，その時の実際の様子を詳しく聞くことが大切です。

> 「見て」と指さすと，その指を見ようとする子どももいますよ。一口に「指さし」と言いますが，奥が深いですね。

一緒にまねっこ

～目で見てスムーズに動けない発達性協調運動障害の子ども～

はてな？

　サンちゃんは，ダンスが嫌いです。「ほら，みんなと一緒に踊ろう」と誘われて，一生懸命手足を動かすのですが，みんなと同じように手足が動きません。「こうかな」と自分で自分の足を持って片足をあげ，いいねダンスをするのですが，そうやっている間に，次の動きになってしまいます。サンちゃんは真面目にやっているのに，「ふざけないで」と言われてしまいます。

✿「ふざけてなんかいない」

　身体の動きのぎこちなさがある子どもは，真似して動こうとしても自分の手足がどういうポーズになっているのかわかりません。「足をあげる」ということは理解できても，そのためにどう足を動かしたらいいのかわからないのです。このように，すべての動作が遅れてしまいますが，それはさぼっているのでも，ふざけているのでもありません。

　自分なりにわかった部分だけ取り出して，一つひとつ確認しながら練習している姿を認めてあげましょう。

✿スモールステップで練習しよう

　こういう子どもには，ダンスの中で，その子どもが踊りたいと思っている部分だけ，サビの繰り返しの動きの部分だけというように，練習する部分を限定して，その子どもが「できた」と思える体験を味わわせることがポイントです。全部踊れなくても，決めのポーズだけそろえる方法もあります。無理に繰り返させるより，曲のテンポをゆっくりにしたり鏡の前で一緒にポーズしてみたりと，少しずつやり方を変えて，繰り返しがマンネリ化しない工夫も必要です。

✿まねっこ名人の極意

　人と一緒にする場合は，２列目で前の友達を見て真似ることができるようにしましょう。家で練習するためにダンスを録画して渡すこともありますが，その時も，子ども視線で，背中を見ながら同じ向きで踊っているモデルにすることがポイントです。

> その子どもが真似しやすいように，鏡やビデオを活用したり大好きな友達に一緒にしてもらったりするといいですよ。

巻き戻しは必要

〜同じ行動を再現しないと自分の身に起こったことが
わからない発達障害の子ども〜

道を歩いている時に，石につまずいて転んでしまったヨン君が膝をすりむいて泣き出しました。「痛かったね」とお母さんが，慰めているにもかかわらず，もう一度先ほどつまずいた石の所に戻って転び直しをしています。「転んで痛い思いを２回もしなくていいのに」とお母さんはとても不思議に思っています。

🌸 「どうして？」と言う前に

　「こうしたら，次はこうなる」と行動の前後の時間の認識がまだ十分に育っていない幼児の場合，実際にやってみないとわからないことが多いのです。その瞬間，瞬間を一生懸命に生きている時期です。

　あこがれのお兄ちゃんが自転車に乗っているのを見ると，自分も乗れるような気になって三輪車で追いかける。お母さんが泡立て器で生クリームを泡立てていると自分もカチャカチャかき混ぜて，ボールの外に全部こぼしてしまう。「おかしいなあ，同じようにしているはずなんだけど」と子ども自身も不思議なのです。何度か繰り返すうちに，「なるほど，こうしたらうまくいく」と体験の中で身につけていきます。

🌸 再体験で理解する

　感覚的な刺激を感じにくい子どもの場合は特に，自分が石につまずいたことと膝を怪我したことの関係をうまく理解できず，突然痛みが降ってきたように感じてしまいます。そこで，自分自身に起こったことを再度確かめずにはいられないのです。痛いけれど，子どもなりの状況を理解するための努力です。「やめなさい」と制止するのではなく，大人が「どうしたのかな」と，代わりに石につまずいて見せ，「あいたた，ここにこんな石があったんだね，気がつかなかった」と大げさにやって見せると，子どもは泣くのも忘れて，じっと大人のすることを見ています。ことばのある子どもの場合，「もっかい」と事の成り行きの再現を求めることもあります。

> 　ことばの発達がゆっくりしている子どもや，
> 感覚からの刺激が入りにくい子どもの場合，
> ⭐ **実際にやってみる。**
> ⭐ **実際にやってみせる。**
> 　体験の中で，因果関係を理解させましょう。

05 決まったルールが大事?!
〜自分のつもりにこだわるASDの子ども〜

　ゴウ君は，スケジュールの変更が苦手です。大好きな散歩が雨で中止になってしまうと大騒ぎになります。雨の中を一人園庭に飛び出していきます。仕方なく支援員がついて出かけることにしましたが，日ごろ着なれないレインコートを着せようとするとまた大パニックになってしまいました。

✿ ルールを守る

　ルールがあることは，社会の秩序を維持する上では重要なことです。そして，ルールを守ることも大切な約束です。決まったルールを忘れてしまったり，ルールを勝手に「俺ルール」にしてしまったりすることは大きな問題ではありますが，いつもどんな時も「ルールを守る」というのもトラブルの原因になることがあります。ASD（自閉スペクトラム症）の特性の1つに，こだわり（固執性）があります。その中に，できあがったルールやパターンを維持したいというものも含まれています。

✿ ルールは，時に変更される

　ASDの子どもが友達との自由遊びで戸惑うのは，普通の鬼ごっこのルールがいつの間にか高鬼や氷鬼に変更された時です。友達同士のノリで変更された遊びが受け入れられずパニックになります。マンガで示したような生活のルール変更（スケジュール変更）もよく起こるトラブルの1つです。見通しをもたせようと1日の流れがわかるスケジュール表を作る園も多くなりました。よかれと思って作ったスケジュールに縛られ，変更が認められず困ったという相談もよく受けます。その子どもの立場になって考えると，自分のつもりが崩されるのですから，不安になったり混乱したりするのは当然です。

✿ 変更は，前もって伝えよう

　だからといって，「ルールを決めない」「スケジュールを示さない」とすると，子どもが安心して，生活を主体的に捉えられません。ルールやスケジュールを示した上で，変更が生じた時に，その子どもに理解しやすく，不意打ちにならないよう，心づもりできる時間も確保して，不安や不快感を軽くする工夫が必要なのです。

> 　スケジュール表は，項目ごとに移動できるように作っておくと，活動の順番や内容の変更を，視覚的に伝えることができますよ。

納得が早道
～母親や保育者と離れにくい子ども～

ムッちゃんは，8か月。母親の産休明けから入園した保育園の生活には慣れてきましたが，人見知りが始まりました。同時に，後追いもするようになって，大好きな保育士の姿が見えないと不安がります。保育士がムッちゃんに気づかれないように姿を消すと，いないことに気づいた時に激しく泣き，後追いがひどくなってしまいました。

怒る・嫌がる・怖がるなどのネガティブな感情にも共感する

　6か月を過ぎる頃から感情面の発達も進み，不快な気持ちが怒りや嫌悪，恐れの感情に分化され，1歳を過ぎると，照れや嫉妬の感情も出てきます。ネガティブな感情である怒りは攻撃行動，恐怖は逃走行動を生じやすくさせます。また，不快な体験は本能的に維持記憶されやすいのです。できるだけ「これ嫌だったね」と子どもの思いをことばにしたり，「じゃあ，こうしよう」と子どもの思いに応じたりと共感し，快の体験にしてあげましょう。

自己主張を受け止める

　2歳前後は，自己主張が最も強くなる時期です。「自分で」「自分の」という思いが強くなる分，友達に手が出たり噛みついたりのトラブルが増えます。子どもなりの理由があるのですが，うまくことばで表現できないのです。「いけません」と抑えつける前に，子どもの気持ちを受け止めましょう。受け入れられる安心感が，他者の存在や思いを理解しようとする道を開くのです。

自制心の育ちを支える

　4歳を過ぎると他者の気持ちにも気づき，自分の気持ちを抑え，つらいこともがんばる姿が見られるようになります。「できなくて悔しいね」と子どものつらい気持ちに共感し，「本当にしたかったこと言ってもいいよ」と本来抱いている気持ちにも寄り添うことが大切です。大好きな大人に自分のつらい思いを受け止めてもらう体験が，我慢やつらさを乗り越える力になります。

　一見困った行動に見える人見知りや後追いは愛着が育ってきた証拠。子どもの信頼を裏切らないよう，約束をして子どもに納得してもらうことがポイントです。

言えないよ
〜うまくことばで表現できない不器用な子ども〜

はい
たとみたん
(さとみちゃん)

私さとみ　　私かすみ
いったい　どっちを呼んだ？

だだだ
(だから)
たとみたん
(さとみ
ちゃん)

たとみたん
(さとみちゃん)
って言った
のにぃ

1 2
3 4

そして　給食の時間

アレ？　やっぱり
うまく
はさめない

ま
いっか
スプーンに
しよう
っと

ナナちゃんは
もうすぐ
小学校に行くのよ
お箸　使おうね

やだー
スプーン

はてな
？

　ナナちゃんは，年長組の女の子です。お手伝いが大好きで，通園ノートを友達に配っているのですが，発音がわかりにくいため，「さとみちゃん」も「かすみちゃん」も「たとみたん」と言うので，「どっち？」と言われてしまいます。利き手は決まっているのですが，箸やはさみも上手に使えません。

46

🌸 発音は複雑な協調運動

ナナちゃんは，年長組になってクラスでも座っていられるようになりましたが，とてもよく動く子どもでおしゃべりでした。日常生活の指示の理解もできています。しかし，何を言っているのか，話し方は不明瞭です。

発声発語は，唇や舌だけでなく，声帯や呼気筋などのさまざまな筋肉を上手に使う必要のある協調運動の１つです。ナナちゃんは，この細かい運動が苦手だったのかもしれません。遠回りのようですが，運動遊びを楽しませ，自分の思い通りに身体が動かせるようになることから始めましょう。

🌸 イメージ力や内言語と表出言語のギャップ

自分が苦しい状況になると，「マッチ買って」とマッチ売りの少女のセリフを言う子どもがいました。直接「助けて」と言う方が周りに理解されやすいのですが，その子どもは，自分の思いをストレートに表現することが難しく，自分のその時の状態や気持ちを既存のセリフや歌で表現します。小学生になり文字を習得すると，話すことより作文を書くことの方が得意でした。

🌸 ことばの理解は表現より先行する

子どもは，話すことよりも先にことばを理解するので，子どもが話さないからわかっていないと思って，関わる指導者が語りかけを少なくしてはいけません。子どもの理解の程度に合わせて語りかけを配慮する必要はありますが，障害の程度が重い子どもに対して，支援者が黙々と世話をしている姿はいかがなものかと思ってしまいます。

また，このメカニズムが極端に表れる言語の問題に，吃音があります。吃音を心理的なストレスが高いことからだけで捉えず，その子どものことばの習得スタイルと捉えて，おおらかに見守ることも大切です。

> 「話す」ことにも，いくつかのメカニズムやプロセスがあるのですね。
> 　関わる大人側は，わかりやすく話すことを心がけましょう。

ほっといて
～注意と動きは止まらない ADHD の子ども～

エイト君は，元気者。好奇心も旺盛で，自分の興味のある物を見つけるとピューッと行ってしまい，ひとときもじっとしていません。家族で買い物に行く時も，迷子になってしまうので，お母さんはとうとうエイト君にリードをつけて引っ張ることにしました。本当にこれでよいのでしょうか。

🌸 じっとしていることが苦手

　じっとしていることが苦手な子どもは，動きの止められなさ（多動性）だけでなく，強く興味を惹かれたことの一面にしか注目できず，行動全体の見通しがもてない（衝動性）も併せもっていることが少なくありません。そのため，危険の予測が甘くなりがちです。子どもの動線を考え，進路を刺激の少ない方にしたり，前もって行動を予測し，動く前にストップをかけることで，「ちゃんと止まれたね」と正しい行動が身につくようにしましょう。

🌸 身体イメージの未熟，痛みに対する鈍感さ

　身体感覚がうまくつかめていないために，ぶつかったり高い所から飛び降りたりする子どももいます。こういう子どもは，痛みを感じにくいため同じ失敗を何度も繰り返してしまうこともあります。「気をつけて」と注意するだけでなく，障害物を避けたりくぐったりする遊びの中で自分の身体を意識させましょう。

🌸 環境調整とことばのコントロール

　背景に脳の機能障害が疑われる場合，子ども自身が自分の行動をコントロールしようと努力しても，なかなかうまくいかないこともあるのです。必要に応じて，専門家と連携を取って，医療面からの支援を行うことも大切です。

　また，一度にたくさんの刺激が入り過ぎないように，現在の環境を見直しましょう。目に見える掲示物や外が見える窓から離すことはもちろん，部屋の広さや照明の明るさの調整も必要です。

　放っておいたり，制限したりするだけでなく，「1，2，散歩」等自分のことばで行動がコントロールできるような体験を積ませることを心がけましょう。

> 危険のないように，環境調整することは大事だけど，行動の主体は，その子ども自身であることを忘れないようにしましょう。

09 ぼくだってやりたい

～勝ちや１番にこだわってしまう子ども～

はてな
?

　ナイン君は，４歳の男の子で競争が大好き。その上，１番になることにこだわるあまり，ルールを無視したり，負けると泣いて怒ったりするので，誰もが「ナイン君と遊ばない」とそっぽを向いてしまいました。「僕だって一緒に遊びたい」とナイン君は思っているのですが，なかなか上手に遊べません。

勝ち・1番へのこだわり

　勝負で極端に勝ちにこだわるのは，0か1かの二極的思考パターンの子どもに多く，勝つことへの執着が強い傾向があります。勝つことだけがすべてではなく，友達と競うハラハラドキドキ感や，駆け引きのプロセスが楽しいということが理解できていないのかもしれません。「ドキドキして楽しかった」「作戦を考えるの面白いね」と途中経過の楽しさを実況中継することで，勝つことだけがすべてではないことを伝えましょう。

　また，保育者や保護者も，生活の中で「早いこと」「1番」だけを認めることばを使い過ぎていないか振り返ってみましょう。

気持ちの切り替えが苦手

　負けると大泣きする，負けかけると途中でやめる等の行動を子どもがとった時に，関わる大人がわざと負けてしまうと，子どもは負けた時の気持ちの切り替えを学ぶチャンスを失ってしまいます。ゲームの前に「負けても泣かない」等の約束をしたり，泣いてパニックになったらクールダウンするまで静かにしたり，泣き止んだ時に「我慢できたね」とほめたりして，「負けてももう1回する」気持ちの立ち直りの経験を積ませましょう。

負けを受け入れる

　「負け」の悔しさを受け入れるには，一緒にいる大人が「負けて悔しいね」「泣いていいよ，だけどまた一緒にがんばろう」と寄り添ってあげることが大事です。また，「負けても明日がある」「負けても泣かないぞ」と立ち直る姿をモデルとして見せることも有効です。

> 　ゲームをすると大騒ぎになるからやらない，誰もが1番になるルールにする等，勝ち負けの体験を避ける傾向がありますが，大人が怖がらず，負けという負の体験ができる遊びをしましょう。

うそじゃないよ

～想像と願望が混同しやすいうそつきな子ども～

テンちゃんは，保育園のおやつが早く食べたかったのでしょう。保育士さんに「手を洗っていらっしゃい」と言われて，手洗い場まで行きましたが，洗わずに保育室に戻ってきました。「もう洗ったの」と聞かれて，「うん，洗った」と答えましたが，友達に「テンちゃんうそつき，洗っていないのに」と言われて，「洗ったもん」とムキになって言い返していました。

✿ 自己防衛のうそ

　うそも方便。うそをつくことが必ずしも悪いことではありません。バナナを欲しがる妹に、「お兄ちゃんはもう食べたからどーぞ」と優しいうそをつく場合もありますよね。子どもは子どもなりにいろいろな状況を乗り越えようとしているのです。

　また、本当のことを言って叱られた経験、例えば「おしっこ出ちゃった」と正直に言っているのに、「もう、何でもっと早く言わないの」と叱られると、次からは、「おしっこは？」と聞かれても「ない」と答えてしまいます。このように、普段から厳しくされていると、逆に叱られないようにうそを重ねることになります。少しおおらかに受け止めてあげましょう。

✿ 注目をひくためのうそ

　「熱がある」とか「友達に叩かれた」と言った時、それまで無関心だった大人に、「大丈夫？」「どうして？　誰に？」と関心をもたれると、次から子どもは大人の注目をひくためにうそをつくこともあります。このようなうそには応じず、大人が振り回されないようにしましょう。

✿ 空想のうそ

　p.47で紹介した、マッチ売りの少女に変身する女の子は、山登りで疲れると「ピーターパン、大変魔法が切れた。もう空を飛べない」とウェンディになってしゃがみこみます。そこで、「大丈夫だよ、ウェンディ。もう一度魔法の粉をかけてあげるよ」と言ってやると、「ありがとう」とまた元気に登り始めます。一見うそに思える子どもの空想や願望に乗ってやる大人の心の余裕が必要ですね。

> 「ホントのことを言ったら、絶対、絶対、ぜ〜ったい怒らないよ」等と、子どもにユーモアを交えて返すことで、子どもも緊張が解けて案外素直に話す場合もあります。

第3章

学童期の子どもの ココロと行動

ここでは，主として，小学校の子ども達に
よく見られる姿を読み解いてみましょう。

ぼくは，ニャンジー先生です。小学校の子ども達のココロと行動の不思議について説明します。

01 誰が決めたの時間割

～急な変更に対応できない ASD の子ども～

はてな?

　　サンチー君は，体育が得意。次の時間は体育だったので，心がワクワクしていました。ところが，先生から理由も告げられず，算数に変更すると言われ，天国から地獄へと急転直下の気分です。どうしても我慢できない気持ちが抑えられず，大泣きしてしまいました。その後の授業に参加できる状態ではありませんでした。

時間割の教科はイメージできていますか

　保育所（園）・幼稚園から小学校に入学して，子ども達が１番戸惑うのは保育所（園）・幼稚園と使用することばの違いと時間割です。時間割は，小学校の教育課程に基づき，曜日や時間ごとに勉強する教科を表したものです。小学校の規模により，図工や音楽は，学級担任ではなく，専門の先生が教えます。また，図工室，音楽室，家庭科室，理科室，パソコンルーム，運動場等，使用する部屋が重ならないように，事前に使用時間が学級や学年に割り振られている場合が多く，学級や学年ごとに時間割は異なるのです。このように多くの教科名と特別教室を覚えるわけですから，記憶の容量の少ない子どもにとっては，大きな負担になります。そこで，絵や写真を添えて理解しやすく覚えるヒントを添える工夫が必要です。

　子どもが，毎日時間割と照らし合わせ，学習に使用する教科書や用具を準備することは，見通しをもつ経験につながるため，意味のあることです。しかし，毎日時間割を合わせることが苦手な子どもにとっては，ストレスの一因になります。見通しのもてない初めての学習や嫌な体験で終わった学習になると，余計につらくなり，心の切り替えは難しくなります。

時間割の変更は，早目に知らせましょう

　その上，楽しみにしていた学習を何の予告もなく急に変更されると，戸惑いや混乱は倍増します。自分の心づもりが崩されてしまうのですから，特に，切り替えの弱い子どもの場合には，前もっての変更の提示は不可欠です。

> 「時間割」の変更は，
> ★ 事前に知らせる。
> ★ 子どもに納得できる理由を伝える。
> ★ 急な変更には，先の見通しを合わせて伝える。

02 学校用語の七不思議

～新しいことばを習得しにくい発達障害の子ども～

はてな？　サンジくんにとって，小学校入学後初めての朝会です。幼稚園の時と違う「前へならえ」の号令の意味がわからず，キョロキョロしていました。周囲の様子を見ていて，どうやら，手を前に出す「トントン前」のことと思って手を出そうとしていた矢先，朝会台に立つ先生からの叱責がとんできて，パニックになってしまいました。

❀「学校用語」は知らなくて当たり前を前提に

　保育所や幼稚園から入学してきた当初，小学校に慣れるには，場所や学級や学校生活（例えば，p.56の時間割）だけでなく，学校用語に適応することも必要です。普段から学校用語を使用している先生側から見れば，この号令ではこうするのが当たり前かもしれませんが，入学してきた子ども達にとっては，今までと全く異なる文化であるかもしれません。

　例えば，「前へならえ」は「トントン前」であるように，
　・「体操座り」は「お山座り」
　・「日番や日直」は「お当番さん」
　であったりします。他にも園独自で使用していた用語があるでしょう。

❀状況理解と類推の弱さに注意

　状況理解がよく類推ができる子どもは，先生が言っていることは，保育所や幼稚園で先生が言っていたことと同じだと理解して行動ができるでしょう。しかし，状況理解の苦手な子どもは，どこに注目すればよいかわかりません。ことばで類推すると，「日直？　日光？　お日様」と違う意味のことばになり，ますます混乱してしまいます。

　「知っているだろう」という前提ではなく「知らないだろう」の前提で，用語のすり合わせや事前練習等を設定して対応していきたいですね。

　小学校用語に慣れさせるために，
★　保育所や幼稚園の時の用語とすり合わせる。
★　号令を使用する前に一度練習する。
★　わかりにくいことばは絵をつけてしばらく掲示する。

1 より小さい世界
～0（ゼロ）の意味がわからない子ども～

はてな？

　先生は，具体物のおはじきを使って，引き算の勉強をしていました。目に見えている物が順番に減っていくので，ミミさんもうなずきながら理解できていました。ところが，何もなくなった状態で，「0」と数を言われてびっくり。急にわからなくなりました。

🌸 具体物で説明しにくい目に見えない0（ゼロ）の世界

　小学校3年生から4年生にかけて，具体物ではなく，頭の中で考える世界（抽象思考）が多くなっていきます。その前段階の幼児や小学校低学年では具体的な物を使用した世界（具体的思考）での学習になります。幼児や小学校低学年において，算数の世界で理解しなくてはいけない数に，0（ゼロ）があります。目に見える物を扱う具体的思考の時期ではありますが，0（ゼロ）は目に見えません。

🌸 0（ゼロ）の世界は深化する

　算数や数学的な0には，次の4つの意味があります。

①何もないという意味の0（無）。

②十進法での空位の0（103では位取りでの10の位が空っぽ）。

③数直線等での基準の0（小学校2年生で学習するものさしに示される）。

④つりあいとしての0（勝負の世界で得点しているにもかかわらず，得失点差0点）。

🌸 0（ゼロ）の世界の先に広がるマイナスの世界

　さらに中学生になると，正（プラス）や負（マイナス）の数を学習しますが，マイナスの世界（数）のイメージがつかめないと，さらに混乱してしまいます。

　まずは，何もない＝（イコール）0と理解できるように，「何もない，0」と生活の中での実体験と結びつけていけるようにしましょう。

> まずは，「何もない」という意味の0（ゼロ）のスタート。
> ⭐ 「なくなったら，何もない」という生活の中での0を体感させよう。
> ⭐ 具体物を使う時は，全部取り去った状態を0（ゼロ）と伝えよう。

04

犬の足は２本？４本？

～話の流れがかみ合わない発達障害の子ども～

はてな

？

　　先生は，「犬には，足が４本ある」ことを子どもが知っている前提で授業
をすすめようとしていました。しかし，ミホさんは，家で飼っている犬が，
前の２本をあげて「頂戴」をする様子から，「犬も人間と一緒」と思い，前
の２本は手，後ろの２本が足と思い込んでいたのです。

🌸 教師の前提と子どもの前提のズレ

　教師は，日常生活の中で，既に学習したことを前提として物事を捉え，判断しています。知識は学習した結果として身についたことであることをわかっています。あることばを聞いて，どのように考え，答えるのかは，それまでの学習から成り立っています。

　子どもの発達の過程で，ことばの概念が広がる（一つのことばからさまざまなイメージをもつことができる）には，「りんご」は果物で，丸くて，赤くて……とさまざまな属性から捉えることができる必要があります。ことばのイメージの背景には子どもの体験した世界があるのです。それが子どもの思考の前提です。

🌸 子どもの思考の前提を探る

　大人の思っている答えと違った時，「どうして，そう答えたのか？　どんな前提で答えたのか？」と尋ねてみましょう。単なる知識を与える授業では，○か×かだけの世界にとどまり，科学的な法則性に自ら気づいたり，興味や関心から学んだりする楽しさの芽をつんでしまうかもしれません。

　乳児期，赤ちゃんが見つめる方向に大人が視線を合わせ，「○○だね」と語りかけていますよね。学習場面でも同様に，子どもの考えている前提は何かを教師が掴むことで，子どもの思考やイメージを広げることができるのです。

> 子どもの答えが違った時は，
> ★ 子どもの思考の前提を探ろう。
> ★ 考え方が合っている時は，まずは，考え方を認める
> 　ことが大切。

05 泣きの繰り返し
〜間違った優しさで泣きがエスカレートする子ども〜

はてな
？

　給食の時間，デザートのゼリーが余ったので，ジャンケンで勝った人がもらえることになりました。もちろん，ゼリー大好きの三五君も喜んで勝負に挑みましたが，残念ながら負けて大泣き。困った先生は，自分のゼリーを三五君にあげてしまいました。すると，それからは，欲しい物があると大泣きして，もらおうとするようになってしまいました。

❀「泣けば何かが手に入る」という誤学習

　泣くこと自体は，子どもの悲しい思いの表現方法です。しかし，泣いて訴えてきた時に周囲がどのように関わるかによって，次に泣くことの意味が違ってくるのです。この事例の場合，ゼリーがもらえなくて，「食べたかったのに，悲しい」と訴えたのですが，先生はその思いを感じて，わざわざ自分のゼリーを与えてしまいました。この対応で，泣くことによって「手に入れたい物がすぐ手に入る」という間違った学習をさせてしまったのです。

　人は，自分の欲しい物を手に入れたくて，うまくいく方法を繰り返します。「欲しい物が出現すること」を「正」と表現し，「行動が繰り返されること」を「強化」と表現し，この行動は，応用行動分析では，〈正の強化〉と呼ばれます。すべてではありませんが，学習した人の行動は，正の強化から成り立っていることが多いのです。特に，偶然に行った行動の直後に報酬が得られると，次は，その報酬を求めて行動し報酬が得られれば，その行動頻度が増すことは明確です。

❀子どもの気持ちには寄り添おう

　泣いた気持ちに共感し，「食べたかったのに，悲しいね」と声をかけ，泣きが小さくなった時に，「よく我慢したね」とほめてあげると，次は，悲しいけれども我慢するという行動につながります。

　「泣き」を「何かを手に入れる手段」にさせるのではなく，「泣き」は「悲しみやくやしさの表現」として，とどめておきたいですね。

> 泣いて何かを訴えてきた時は，要注意！！
> ★ 悲しみには共感し，我慢する姿勢をほめる。
> ★ 泣きをおさめるために，すぐに物を与えることは慎む！

06 罰のつもりが超ラッキー
〜嫌なことから逃げ出す子ども〜

　さぶろう君は，算数が嫌いのようです。宿題を忘れてきたことも，悪びれていません。先生は，その態度にも腹が立ってしまったのでしょう。罰を与えようと，運動場を走らせました。その結果，算数の授業を受けなくてすみ，結果的に，算数という嫌なことを回避できたのです。そして，さぶろう君は，次の日もわざと宿題を忘れたのです。

❀「罰」のつもりが，「強化」になっていませんか

　本来，「罰」というのは，社会的に認められない行動に対する処罰の意味合いのものです。例えば，交通違反による減点や罰金がそれにあたります。

　応用行動分析で考えると，「罰」は本人にとっての「好子」（交通違反の場合の点数やお金）を取り上げる「消失」のことで，社会的に認められない行動を減らす（あるいは抑止する）ことになります。

　この事例の場合，取り除かれたのは，本人にとっての好子ではなく，嫌子（算数）であったために，宿題を忘れる行動が増加あるいは維持（「強化」）されました。応用行動分析では，好子や嫌子が消失（なくなる，取り除かれる）することを「負」と表現し，好子や嫌子が出現することを「正」と表現します。また，行動が増加あるいは維持する場合を「強化」，行動が減少する場合を「弱化（あるいは罰）」と表現します。この事例は，嫌子（運動場を走る）を出現させて，「宿題を忘れる」行動の減少を狙った（「正の弱化」）わけですが，結果として「負の強化」となりました。

　正の強化と同様に，嫌なことを回避できる，嫌なことから逃げられるということは，負の強化として行動頻度が増してしまいます。

❀「嫌なことを回避できる，あるいは逃げられる」学習にしない

　嫌なことや苦しいことから逃げたいと思うのは当たり前のことです。そこで，嫌なことや苦手なことに取り組む時間を短くしたり，量を減らしたりした上で，やりとげた時にすぐにほめるという対応をします。このことは，嫌子が少なく，ほめられるという好子が出現する，「負の強化」と「正の強化」の両方にあたり，子どもは次もがんばってみようという気持ちになります。

> 「嫌なことから逃げ出さない」ためには，
> ★ 回避する，逃げることを否定しない。
> ★ すぐに終わる工夫（時間や量の加減）。
> ★ （結果を求めず）取り組む姿勢をほめる。

それだけはやめて
〜怖い存在で態度を急変する子ども〜

はてな？

　サンシチくんには，構ってほしい相手に暴言を吐く行動がよく見られます。相手が大泣きして自分の方を見てくれれば，それで大満足。しかし，先生から，お父さんに連絡すると言われて大慌て。お父さんに叱られるのが怖く，大慌てで「もう言いません」と誓いました。

✿「してはいけない」ルールを守るには

　子どもが「怒られるからやめる。怒られるからやらない」という考えをもつのは自然なことです。そこで，しつけとして，社会的ルールを逸脱する行動には「ダメ」と教えます。幼児期からの積み重ねで，小学校入学の頃には，集団内でのルール順守性も育っていきます。しかし，怖い存在がいなくても自分で律することができるようになっているかが重要です。

✿「嫌なことや怖い相手」の出現は抑止力になるけれど

　この事例のように，「ある行動を取ると，怖い相手（嫌子）が出現するので，行動をやめる」ことを，応用行動分析で考えてみましょう。嫌子が出現することを「正」と表現し，行動をやめる（減少する）ことは「弱化」になりますので，「正の弱化」になります。しかし，裏を返せば，行動が定着するまでは，怒られないと元の行動に戻りますので，周囲はずっと怒り続ける，あるいは怖い相手を出し続ける必要があります。これでは，関わる大人だけでなく，怒られる子どもやその様子を見ている周囲の子どももいたたまれませんね。もっと別の手立てを工夫しましょう。

　「もしもし，鬼です」で始まる「鬼からの電話」というアプリがあり，しつけの目的で「鬼に電話するよ」と，子どもをおどしている保護者や教師がいると聞きました。その場の抑止力として効果はあるかもしれません。しかし，使用頻度が高いと，いつまでもその声が耳に残って，「鬼，嫌い！　鬼，来たらダメ！」と不安を訴える子どももいます。

　嫌子の出現の多用は，精神的不安をあおる危険性があることや嫌子への耐性ができると嫌子ではなくなることを心しておきましょう。

> 　「抑止力」として，使用する嫌子は，
> ★ 効果は，その時だけの場合が多い。
> ★ 多用しすぎると耐性ができて，慣れてしまう。
> ★ 子どもによっては，不安をあおるだけになるので要注意。

08 誰も振り向いてくれない
～挑発し相手の反応を楽しむ子ども～

さわちゃんは，教室が静かだと，大騒ぎをして注目を浴びるチャンスとばかりに，前の子をつつきます。そうすると，周囲は騒然となり，さらに注目度があがって大満足です。翌日も，同じ状況にチャンスとばかり，前の子をつつきました。前の子は何の反応もなく，相手にしてくれません。周囲の友達も注目することなく，反応がないので，やめてしまいました。

意図的に無視をするということは

　大騒ぎしたことで，周囲からの注目を浴びたり，すぐに欲しい物が手に入ったりすると，行動は維持あるいは増加します。これは，「正（出現）の強化」です。しかし，この事例の場合，あるはずの注目が取り除かれることで，行動が減少しました。応用行動分析で見ると，「正の強化」ではなく，「負（消失）の弱化」になります。あるいは行動の「消去」になります。

　「負の弱化」あるいは「行動の消去」につながる意図的な「無視」は，目も合わさないで，全く反応しないことが重要です。「知らない」と応答したり，手で×と示したりすることは，注目したことになります。

　特に気をつけたいのは，いったん「無視」という方法を取り入れても，それまでの学習から，子どもは注目してもらおうと，さらに大暴れして物を壊す，暴力をふるう可能性が高くなります。その状況に耐え切れず，「やめなさい」と態度を変えてしまうと，次からさらに行動がエスカレートしてしまい，うまくいきません。

大人と子どもの根競べ

　その場にいると大人が反応してしまう可能性が高い場合，その場から離れる，あるいは，別の場所に周囲の者を移動させることも，環境調整による無視になります。その子どもを一人残し，収まるのを待つ場合，安全な場所（投げたり触ったりして怪我の恐れがある物が周囲にない状況等）であることが前提です。逆に，子どもが気持ちを収める場所（クールダウンの部屋）を設定することができる場合は，移動させて気持ちを収めることができたら，十分ほめてあげましょう。すると，暴れたくなる気持ちを収めるために別の場所に移動する行動の維持（強化）につながります。

> 意図的な無視のポイントは，
> ★ 目も合わさず，声やボディでの反応も全くしない。
> ★ 反応しそうな時は，その場から離れる。環境調整は必要。

聞いてる？聴いてる？
～耳からの情報処理の苦手な子ども～

ミクさんは，先生の話を一生懸命に聞こうとしていました。でも，学級の中では，いろんな友達の話し声が聞こえてきて，その話し声と一緒に先生の声がかぶります。同時にいろんな音が入ってきたため，聞き分けることが難しくなり，先生が何を言っているのか理解できません。

聞くと聴くの違いは

　「聞く」は「音を感じ取ること」,「聴く」は「聞こえるものの内容を理解しようと思って進んで聴く, 注意して聴く」と使い分けられる場合があります。この2つの違いは, 脳の情報処理レベルの違いでもあります。

聞こえるけど聴くことに困難がある子どももいる

　「聞く」に困難がある場合は, 聴力の問題が背景にある可能性が考えられます。「聴く」に困難がある場合は, 聞こえてくる音を選択しにくく, 注意を持続するのが苦手なため, 聞いた内容を理解できない可能性があります。

　今回の事例のように,「聴く」に困難があり, 聞き分ける力が弱い子どもは, たくさんの音が入ってくる状況では, 混乱してどこに注意して聞いていいのか, わからなくなってしまうのです。そんな子どもには, 音を統制した静かな環境が大切です。

　また, 注意を持続するのが苦手な子どもの場合, 指示が長くなったり一度に複数の指示が出されたりするとわからなくなります。簡潔に短いことばで指示したり, 事前に注意喚起をしたり, 注意を向けられるようにすることが必要です。

　子ども自身は「聴きたい」とは思っているのです。「聴きたくない」と思っている子どもではない場合もあることを知っておいてください。

「聴く」ことが苦手な子どもには,
★ 音を統制した環境を設定する。
★ 話す前に注意を向けられるように注意喚起をする。
★ 指示は短く, 簡潔に！

10 あれ, あれ, それ, それ！わかっているけど…
～ことばの想起が難しい子ども～

はてな？

　先生に聞かれて，サント君は，今朝食べた物を頭の中に思い浮かべること はできました。しかし，その食べ物の名前を思い出そうとしても，なかなか 出てこなくて，指示語しか使えず，もどかしい様子です。その間に他の子は どんどん答え，「知らないわけではないのに」と悔しい思いがこみ上げてき ました。

🌸 知っていることばを思い出すことに困難がある子ども

　見たこと聞いたこと等の外部からの情報を受け取る器官に異常はなく，コミュニケーション意欲も高く，理解していることばも多いのに，文字や物の名前を思い出すことに困難を抱える子どもがいます。原因はいくつかありますが，ここでは，物の名前が思い出せない場合に絞って考えてみます。

🌸 ことばを思い出すメカニズム

　「これを見たことはある，聞いたことはあるけど，名前が出てこない」という経験は誰でもあることではないでしょうか。これは，見たことや聞いたことを再び認識することで，「再認」と言います。物の映像が浮かぶということは，その物を知っているので，「再認」までは OK です。

　しかし，その物の名前を言うには「再生」しなくてはなりません。声に出して言う「再生」が難しい時は，思い出す手がかりがないのです。その物を取り出す場所がわからず，あちこち探しているのです。その表れが，「あれ，あれ，それ，それ」でしょう。

　ことばを思い出すことに困難がある子どもの支援としては，覚える時に思い出しやすいように意味づける，あるいは思い出すためのタグ（服についている印のこと）をつけることが有効です。

　「知らない」のではなく，「うまく思い出せない」で苦しんでいる思いに寄り添い，その子どもが思い出しやすい手がかりを，一緒に見つけていきましょう。

> 知っていることばを思い出すこと（想起）が苦手な子どもには，
> ⭐ 意味づけて覚える。
> ⭐ 思い出すための手がかりを見つける。

11 答えを出すのに指の数がたりない！

～指を使わないと計算できない子ども～

ジュウイチ君は，指を使いながら，たし算の答えを出していました。指があれば，答えを出すことができていたので，「できない」とは思っていなかったのです。でも，答えが10までは何とかなっていたのですが，10を越えてからは，困ってしまいました。

🌸 子どもはどのように数を認識するか

　数の概念発達には，〈計数（数を数える）〉，〈量〉，〈数詞〉の三項が重要とされています。幼児期，具体物を数えることが生活の中で自然に行われるため，数を獲得する時の最初は，順番に数える〈計数〉が，理解しやすいのです。数を数える過程で，最後に数えた数が〈量〉を表すことを体験します。また，数えた数（音）と〈数詞〉をマッチングするというように，三項が互いに関係しています。

🌸 「指を使ったらダメ！」ではなく，たし算手続きの発達段階として

　たし算手続きの発達段階として，指で示されている数を 1 から数えて指折り数えたし（count all方略）をする段階があります。次に，両手で数を示し，片方の数（例えば 4）は数えずに，もう片方が 2 であれば，5，6 と数えていく段階（count on方略）へ移ります。やがて，そのイメージが頭の中だけで操作が可能となる心的操作に至ります。頭の中でカウントしている場合でも，首が前後に動いて数えている様子が見られることがあります。やみくもに「指を使ったらダメ」ではなく，子どもが今どの段階にあるのかを観察し，次の段階に移行できるように支援していきましょう。

　例えば，片手が 5 であることを意識できるよう，6 を示す時は，片手を一度に開いて「5」と伝え，あと 1 本加えて「6」と伝えてみましょう。また，片手を使った「5クイズ」と称して，「5」になるためには，あと指を何本出せばよいか，考えて出すという視覚的運動的操作で量につなげることが有効かもしれません。

> 指を使ってたし算をしている時は，
> ⭐ 指を使うことを禁止しない。
> ⭐ たし算手続きの発達段階を見る。
> ⭐ 片手が「5」であることに気づかせる。

きらりん☆ひらめいた?!
～話を始めると止まらない ADHD の子ども～

はてな？

　先生の質問に対して，トワニさんは，急に手を挙げて，次から次へといろんな考えを発表します。周囲の友達は何を言っているのかががわからず，あっけにとられています。いつまで経っても話し終えようとしないので，授業は中断状態です。とうとう先生は，トワニさんの話を遮りました。

何を言っているかがわからない子ではなく発想が豊かな子

　注意が次々に移りやすい子どもの場合，一見，何の脈絡もなくとりとめないように感じるかもしれません。話の内容をよく聞いてみると，その子どもなりには筋道を立てて関連づけられていたり，誰も気がついていないような新しい発想をしていたりすることがあります。

　事例のエピソードでは，話がそれていったのを感じた先生が打ち切ってしまいました。このままでは，周囲の子どもも，自分勝手に話をしている子どもとしか評価できないのではないでしょうか？　その子どもの発想の豊かさを授業に活かさないのは，少し勿体ない気がします。

　途中で発表をストップする時には，先生がその子どもの発想を整理して伝えましょう。その子の発想が次の子どもの着眼点になります。こうして，友達につなげることで，授業は展開していきます。このように，子どもの発想の面白さを先生が認めていくと，周囲の友達からも，プラスの評価を得ることができ，その子どもの自信につながります。

　発想を拾い上げてくれる支援がないと，思いついたことを忘れてしまい，「残念！思い出せない」という苦い経験になるかもしれません。高学年になると，思いついてもすぐ忘れてしまう自分を「バカだ」と自己否定してしまう場合も少なくありません。豊かな発想ができることが自分のよさとして活かせるように，メモ（ボイスメモも OK）をとることも促してみましょう。

　将来像として，着想の豊かさや発想の柔軟性が強みであるという目で子どもを見ていきましょう。

> すぐにいろんなことが思いつく子どもには，
> ★ その子の発想の豊かさを認める。
> ★ ひらめいたことが活かせるように周囲の大人が発想を
> 　周囲とつなげていく。
> ★ 忘れないように，メモすることを促す。

第 4 章

思春期以降の子どもの ココロと行動

ここでは，主として，小学校高学年・中学生の子ども達に よく見られる姿を読み解いてみましょう。

ぼくは，ニャンジー先生です。思春期以降の子ども達のココロと行動の不思議について説明します。

大人の階段
〜登校するエネルギーが乏しい子ども〜

朝，登校の準備にかかろうとした中学1年生のシイ君は，何となくだるさを感じたようです。そのことを母親は心配し，オロオロするばかり。父親も「好きにしろ」と言うだけで，会社に行ってしまいました。シイ君は自分でも不調の原因がわからず，学校への行き渋りが始まりました。

あこがれる大人の存在

　思春期から青年期は，身体的には大人になってきているのに，心理的社会的にはまだ家族に依存するため，アンバランスになりやすい時期です。

　子どもの言う通りにしてしまう大人に囲まれると，やりたい放題になり，うまくいかないことが起きても自分の問題として捉えようとしなくなります。反対に，子どもがうまくいかない状況になった時に，子どもが考えるより先に対応してしまう大人に囲まれていると，無批判的に周囲の価値観を受け入れてしまいがちです。どちらの場合も，自分自身を見つめ，葛藤し，自分なりの答えをもつという自我同一性（アイデンティティ）の確立には，程遠くなります。ダメな時にはきちんとダメと止めてくれたり，正しいことを行っている時には寄り添い，応援してくれたり，帆走（はんそう）する大人や模範となる行動を示す大人のように「あこがれる大人」の存在があってこそ，自分自身で解決を導き出し，それに基づいて行動するようになります。

耐性を育てよう

　耐性とは，その場にふさわしい行動をとるために，したいことを我慢する力と自分の目標達成のためにしたくないこともあえて取り組む力です。一朝一夕で育つものではありません。小さな成功体験の積み重ねが自信につながり，耐性を育む原動力となります。子どもががんばる姿を励まし，支援し，小さな成功も一緒に喜ぶようにしましょう。励ましは，「がんばれ」だけではなく，「嫌なことなのに，がまんしてがんばっているね。あと，少しだ」と本人の気持ちに共感し，具体的に声をかけていきましょう。共に喜んでくれる仲間や大人の存在が，山を乗り越えようとがんばる耐性を培うのです。

> 　自我同一性（アイデンティティ）の確立には，
> ★ 葛藤し，自身で答えを出せるよう見守る。
> ★ 小さな成功を共に喜ぶ。

失敗は成功の元
～失敗が気になって緊張しすぎる子ども～

対抗リレーの用意をしていたヨンニ君は，昨年のリレーでバトンを落として最下位になったことを思い出しました。学級の友達は，励ますつもりで声を掛けたのですが，責められていると勘違いし，ますます失敗への不安が強くなってしまい，固まってしまったようです。

❀ 失敗を極度に恐れる，嫌がる

　家族や周囲の大人や友達から失敗を激しく叱られたり責められたりすると，失敗だけでなく，経験のないことにも取り組む自信をなくし，失敗を恐れたり，嫌がったりすることがあります。また，否定的な感情に囚われやすい傾向がある場合，過去の失敗経験ばかり思い出し，同じような状況になると，「また失敗したらどうしよう，こんな失敗をしたらどうしよう」と失敗に対する極度の恐怖を感じる子どももいます。

❀ 失敗を活かすために，ありのままを受け止め，一緒に作戦を考える

　失敗しないよう，先回りして周囲の大人が失敗になる原因を取り除いたり，先に手を貸して失敗を回避させたりすることは本当によい支援とは言えません。失敗経験は生きていく上で，誰もが経験します。失敗させないのではなく，失敗経験をいかし，失敗に負けない心を育てることが重要です。そのために，子どもの不器用さやうまくできない部分も含め「ありのまま」を受け止めましょう。決して，「できない」部分のある子どもの人格を責めてはいけません。また，失敗する不安が強すぎる場合，一緒にどうすればいいか考え，「助けを求める」ことも手立ての一つに加えてください。

　できなくて落ち込んでいる時には，周囲の大人が寄り添いましょう。途中のプロセスやよかった所をほめ，うまくいかなかったことだけでないことにも目が向くように話し合います。

　学級活動や部活動等でも，子ども一人ひとりのよさを認める大人の態度がモデルとなり，お互いに励まし合える仲間関係づくりの土台になります。

> 　失敗を成功の元にするには，
> ★ 失敗に対する事前の作戦を考える。
> ★ できたかできないかの結果でなく，がんばりや努力の姿勢を評価する。
> ★ 失敗してもお互いに励まし合える仲間関係を育てる。

回り道の効用
〜きまりより自分の興味関心を優先する子ども〜

生物の授業で，チョウの孵化についてレポートをまとめる課題が出されました。提出期限は翌日だったのですが，四三君は，インターネットで，卵を冷やすと孵化の時期を調整できると知り試したくなりました。期日には間に合いませんでしたが，孵化と気温の関係についてまとめることができました。

🌸 正解に辿り着く過程はさまざま

　子どもなりにやってみたい方法を考えている時は，与えられた課題へ向かっている証ですね。時間内にまとめたいという教師の思いだけで中断させては，学習の機会を奪う結果になる場合があります。正解に辿り着く過程は個々に違うという前提で指導や支援に関わっていきたいですね。

🌸 回り道と試行錯誤

　回り道とは，目標に直接到達すべき場面で，別の道を通ったり，別の手段を用いたりすることです。回り道は，正攻法では突破できない時に違う突破口を見出すことに似ています。

　回り道とよく似た学習方法に試行錯誤があります。試行錯誤とは，新しいことに対してさまざまな方法を繰り返し，試行と失敗を重ねながら次第に見通しを立てて課題の解決方法にたどりつくことです。ソーンダイクによる猫の問題箱の観察（猫が偶然に箱の中の紐を引いて扉が開いたことで餌を食べることができてから，やがて意図的に紐を引くようになる）から出てきた学習方法の一つです。試行錯誤は，諦めずに繰り返すことで成功にたどりつくので，一見無駄に見えたことが結果に結びつくという体験重視の学習方法です。この時期の子ども達には，効率のよさだけでは，はかれないものがあるということを体感させてやりたいものです。

🌸 時間をかけてもゴールにたどりつくには大人の忍耐が重要

　「時間がかかりすぎ」「何度，同じ失敗をしているの」という声掛けは，このよさを潰してしまいます。見ている側からすれば，ハラハラしたりまどろっこしいと感じたりするかもしれませんが，信じて見守ってあげましょう。

> 回り道に見えても，
> ★ 子どもの発想・ひらめきを重視。
> ★ 思考の過程を見守り，急ぎ過ぎないで！！

自分の夢は…
～理想と現実が一致しにくい子ども～

　ヨンヨンさんは，シェフ志望の高校2年生。夏休みにレストランでアルバイトをすることにしました。アルバイト先に行ってみると，厨房は苦手なソースの匂いがあふれ，不器用さもあるため，盛りつけにも手間取り過ぎました。この経験から，志望先を食のレポーターに変えました。

メタ認知が重要

　自分の現在の能力や技術から何ができるか，自分は何が得意で何が苦手か等自分自身を客観的に意識して理解することをメタ認知と言います。

　この事例の場合，匂いに過敏であることを考えると，このバイト先を選んだのは，適切ではありませんでした。メタ認知が弱かったと考えられるでしょう。母親は最初から，無理ではないかと予想していましたが，今後，シェフになりたいという夢を叶えるには，苦手なソースの臭いに馴れ，不器用さも克服しなくてはいけません。そこで，体験を通して，そのハードルの高さを実感させようとしたのです。

理想と現実のつき合わせ

　将来の夢や理想をもつことで，学習の目標ができ，なりたい自分のために努力することができます。周囲が「なれる」「なれない」を一方的に決めるのではなく，子どもが「なりたい」と思うこと，そのために何を身につけなくてはいけないかをわかることが大切です。現段階での自分と，なりたい自分とのつき合わせが必要です。たりない部分を努力して補っていくか，違う方法を探してみるか，目標を変えるかを，照らし合わせる期間が必要です。

　自己を振り返り，自分自身を知る体験の積み重ねによって，メタ認知は育っていきます。この時期の失敗は無駄ではありません。ただ，就職となると失敗は挫折感が大きくなるので，バイト経験は大切かもしれません。ハワイのアセッツスクールでは，この職業体験を学習内容に組み込んでいました。

　描いた夢が自分の現実に合っていないと思えば変更しても OK とする周囲の受け止め方が，子ども自身の道を模索しやすくするでしょう。

> 自分の夢を決めることができるように，
> ★ メタ認知を育てる。
> ★ 本人が「なりたい」気持ちを尊重する。

05 イライラの貯金箱
～過去の失敗経験に引きずられる ASD の子ども～

はてな？

　算数ドリルで得意な計算問題をしていたヨンゴ君。書き間違えた所を直そうと消しゴムに手を伸ばしたら，消しゴムがポトンと机の下に。すると，急に怒り出し，大暴れが始まりました。「1年の時も，2年の時も，ぼくが使おうとすると，こうして消しゴムが落ちるんだあ！！」と叫び，イライラはエスカレートしていきます。

🍀 失敗体験が，過去の失敗を呼び起こす

「失敗を次にいかしたら」と思えるのは，失敗から立ち直れた経験や失敗と思える状況を乗り切れた経験があるからなのです。

間違うことは悪いこと，完璧でなければ絶対にダメと思っている子どもの場合，どうしても失敗したことだけがフォーカスされてしまいます。そこにイライラした感情がくっついてしまうと，同じような状況が起きた時に，今の体験と一緒に，過去の失敗体験とイライラした感情が一気に押し寄せてきます。これをフラッシュバックと言います。イライラした感情は，イライラした感情体験を呼び重ね，「イライラの貯金箱」ができあがってしまいます。

🍀 失敗体験を貯金させない

イライラの貯金箱が溜まらないように，失敗して叫んでいる時は，静かにそばに行き，「うまくいかなくて悔しいよね」と子どもの気持ちを代弁してあげましょう。子どもの気持ちに共感しながら，感情の嵐が収まるのを待つのです。「泣き止みなさい」「それ位で大騒ぎしない」と強い口調で責めても何の解決にもなりません。反対に，イライラした→怒られた→さらにイライラという悪循環で一気に貯金箱がいっぱいになってしまいます。

🍀 イライラの貯金箱を溜めない

小学校中学年位になると，「君は完璧を目指すために，失敗したらイライラするんだよね」と，子どもの気持ちが収まってから，話し合うことができます。やり直すための手立て，同じ状況になった時の対処の仕方等，「こんな時どうする」の作戦タイムをもちましょう。「その場から離れる」「深呼吸して再チャレンジする」等のアイデアが子どもから出てくるといいですね。それは，「子ども防衛軍の貯金箱」に入れて溜めていきましょう。

> イライラ貯金箱を子ども防衛軍の貯金箱にシフトする。
> それには，共感・待ち・作戦タイムの3つが必要。

06 転ばぬ先のアイテム
〜聴いたことを忘れてしまう発達障害の子ども〜

はてな？

　四郎君は，聞いたことをすぐに忘れてしまうことがあります。明日は音楽会の予行で写真撮影すると聞きました。でも，友達との帰り道，明日の放課後にサッカーの試合をすることで盛り上がり，すっかり写真撮影用の服装のことを忘れてしまいました。四郎君だけ，音楽会の写真はユニホームでした。

🌸「また，できなかった」と自己肯定感が低くなる前に

　「聞いてる？聴いてる？」（p.72）でもあったように，聞いたことを覚えておくのが苦手な子どもは，覚えたはずのことが抜けてしまいます。「どうして，覚えていないの？」と叱責されても，自分でもわかっていないのです。それが失敗経験として積み重なると，自分を信じることが難しくなります。

　自分の「できない」部分を見て見ぬふりをすることではありません。できない「部分」として自覚することで，好き嫌いがあるのと同様に，自分の中の苦手さの一つとするのです。「できない部分」もある自分を認めることが，いわゆる『自己受容』することになります。できないから「オールダメな自分」ではなく，「できないこともある自分」として自分自身を受けとめることが，葛藤の多い思春期を過ごしていくにはとても重要なのです。

　自分の苦手さやできなさを自覚し，人に助けを求めて乗り切ることも，生きていく上での重要な方法ではないでしょうか。

🌸お助けマンは，転ばぬ先のアイテム探しを手伝おう

　ただし，毎回，人に頼る方法だけでは，単なる他力本願で自力で難局を乗り切る経験にはつながりません。事前に失敗やつまずきが予想されるのであれば，どのようにすれば苦手な部分を補えるのか代替手段を考えます。事前に準備できれば，心の余裕につながり，転ばぬ先のアイテムとなります。

　大人は，失敗を叱るのではなく，一緒に工夫する方法を探すお助けマンになってあげましょう。

> 転ばぬ先のアイテムにつなげるために，
> ★「できない」ことは一部分であることを伝える。
> ★ 人に頼ることも一つの手。
> ★「できない」ことが「できる」方法を一緒に考える。

07

洗濯？ああ選択！
〜ボーッとして話を聴いていない不注意な子ども〜

はてな？

　社会で日照時間の学習をしていました。ふと窓の外を見ると，快晴です。その時，先生に「ヨナさん，センタクしてください」と指名され，「はい，今日は洗濯日和です」と言ってしまいました。先生には「どの国を選択したのかって聞いてるんだ」と叱られ，クラスは爆笑の渦になってしまいました。

❀ ボーッとしているように見えるが，実は多動

　一生懸命考え事をしている時，周囲からの声を聴き逃した経験は誰でもあるでしょう。しかし，それが頻繁で，いつも見た目はボーッとしているような子どもはいませんか。見た目とは裏腹に頭の中は多動で，次から次に考えが浮かんでいる子どもです。そして，やっと周囲の声に気づいて反応しようとした時に，トンチンカンな状況に合わない言動を取ってしまうのです。

❀ 片づかない？　片づけられない？

　それ以外に，日常生活でも，自分の興味があることに注意がそれてしまい，困ることがあります。例えば，片づけている最中に違うことを始めてしまい，当初の目的である片づけができず，散らかったままになったり，予定の作業が間に合わなかったりするのです。

❀ 失敗経験の積み重ねで自己否定感が強くなりがち

　作業で積み残しがある，間違える，集団内で大事なことを聞き漏らす，約束を忘れる等が度重なると，失敗続きの自分を受け入れられなかったり，周りから信頼されなかったりして，自己否定感が強くなりがちです。

❀ 周囲の理解から自己を受け止められる

　「片づいてなくても，どこにあるかわかればよい」というくらい，大きな枠でその子どもを見ていくことが大切です。「想像力が豊か，失敗も含めて君のよさ」と誰かに受け止められることで，自分もやっと受容できるようになります。心に余裕がもてると，物事の優先順位を考えたり，自分で自分の注意を引き戻す合図を工夫したりするアイデアも浮かんでくるでしょう。

> 　失敗経験から自己受容できていない時は，
> ★ ありのまま，丸ごと受け止める。
> ★ 失敗を一緒に笑い飛ばすくらいの心のゆとりをもつ。
> ★ 目先のことに囚われない。

08 よい，悪いのこだわりに固まる
～強迫行動をやめられない子ども～

しわさんは，元々きれい好きでした。中学1年の冬，ノロウィルスに感染し，ひどい下痢に苦しみました。その後，「手にバイ菌がついている」と手洗いを入念にするようになりました。手にバイ菌がついているという観念が強くなり，1日中手を洗わないと気が済まなくなりました。

🌸 ○か×かの世界の先にある強迫行動

　世の中は，真偽，善悪，美醜の二者択一だけでは片づかない矛盾が満ちあ
ふれています。子どもも成長するにつれ，そうした矛盾に慣ったり拒否した
りしながら，ほどほどの距離感をつかみ，健全な社会生活が送れるようにな
ります。しかし，中には，どちらが正しいか等の二者択一の両価的な世界に
固執する人もいます。また，そうしなければならないと思い込んでしまうこ
とで，日常生活が送れなくなってしまうこともあります。自分の手がよごれ
ていると思い込み，手洗い行動をやめられないなどの症状を，強迫症状と呼
び，元々二者択一の方が理解しやすいASD（自閉スペクトラム症）の子ど
もは思春期にその傾向が強くなることがあります。

🌸 ○か×かの世界から抜け出すために

　先述したように，二者択一の両価的な時期が発達の経過には見られます。
しかし，○か×かだけでなく，中庸の価値観を理解することが大切なのです。
そのためには，自分で何を選んでよいかわからない小さい時から，「これか
これかどっち」と自分で選ぶようにさせましょう。大人が勝手に「これには
これ」と一方的に決めないことが大切です。その上で，選択肢を徐々に増や
していくことで，選択幅を広げていきます。具体的には，絵の具の混色で混
ぜる絵の具の分量で色の変化を感じさせたり，算数の割合の学習後に「成功
する割合は○％」と確率の思考を取り入れたりすることで，二者択一的思考
パターンからの脱却をはかりましょう。「〜ねばならない」世界から抜け出
すためには，選ぶ基準を示すことで，選択する時の自由度が広がります。

　自己選択のポイントは，選択幅の自由度。
　⭐ 二択から三択へ，選択肢を増やす。
　⭐ 中庸の価値観を見つける。

09 これなら「できる」自分の学習方略！
〜学び方の違う子ども〜

はてな？

　国語で物語を学習することになりました。先生は，最初の問いを「題名から物語を予想する」とし，題名という部分から全体へのイメージを大切にしたかったようです。でも，ヨンク君は，部分を手がかりにして全体を想像する学習は苦手でした。先に全体像を掴みたかったのです。

🌸 長文読解の方法と個に応じた方法を照らし合わせて

　長文読解の指導方法として，長文を少しずつ詳しく読み進める方法に一読総合法があります。別の方法として，通読・精読・味読の三読法があります。事例の子どもは，物語全体を通読してあらすじをつかむ方法をとりたかったようです。部分から全体へ，あるいは順序性を重視する方法が得意な場合は，一読総合法が有効です。全体から部分へ，あるいは関連性を重視する方法が得意な場合は，三読法が適した方法と言えます。先生にも得意な方法があり，得意な方法で教えようとしますが，自分とは違う子どもの得意な方法も尊重し，個に応じた方法を選択させることが大切です。

🌸 継次処理と同時処理

　人間が情報を外界から入力し，脳の中枢でその情報を認知的に処理して出力する過程を「認知処理過程」と呼んでいます。認知処理過程を「継次処理様式」と「同時処理様式」の2種類に考えて，両者にアンバランスがある時には，その子どもの得意な認知処理過程をいかす指導を考える必要があります。「継次処理様式」は，情報を1つずつ時間的な順序によって処理する様式です。「同時処理様式」は，複数の情報をその関連性に着目して全体的に処理する様式です。

🌸 支援者自身が自分の得意な方略にこだわらない

　日常生活では必要に応じて，継次や同時の処理様式を使い分けています。しかし，一斉指導では，先生が自分の得意な教えやすい処理様式での学習指導だけを選択してしまうことがあります。その指導法にこだわると，逆の様式をしようとする子どもの学び方が認めてもらえないことになります。子ども自身が「できる」方略を一緒に見つけ，自己選択して活用できるようにしましょう。

> 「できる」学習方略を活用するために，
> ⭐ 継次処理と同時処理の両方を保証する。

学び方を学ぶ
～繰り返し学習の苦手な子ども～

はてな
?

　ヨント君は，勉強が苦手。特に漢字が覚えられません。百字帳の宿題は時間がかかっても忘れずにするのですが，いくら書いても，次の日になると忘れてしまい，思い出せないのです。先生と覚えやすい方法を考えました。ヨント君は得意なダンスにして覚えると上手くいきました。

🍀「学び方を学ぶ」とは

　子どもの学び方は，一人ひとり違っています。一人ひとりの学び方の違いに応じて，いろいろな学び方が選べるということが大切なのです。それは，知識そのものよりも新しい知識を取り入れて活用する方法を身につけることで，「学び方を学ぶ（learn how to learn）」として，世界的にもその重要性が指摘されているものです。

🍀長所をいかす，長所を活用した学習方略を称賛する

　独立行政法人国立特別支援教育総合研究所主任研究員の涌井恵先生は，ハーバード大学の心理学者ハワード・ガードナー博士の提唱する「マルチ知能」理論を参考にした「学び方を学ぶ」授業を紹介しています。

　「認知処理過程」（p.99参照）で「継次処理」と「同時処理」の2種類を説明しました。マルチ知能とは，「言語的知能」「身体・運動的知能」「論理・数学的知能」等の8つで，子ども自身にそれらの力を使ったさまざまな学び方があることに気づかせ，自分に合った考え方や覚え方を身につけていくことが大切です。

　指導者は，学習課題の難易度のみを配慮するのではなく，その子どもに合った学び方がいかせるようにすることが大切です。また，子ども自身が自分の得意な学び方を選択し活用しているようであれば，そのことを称賛することで，自分に合ったやり方で学習を行うことがすすめやすくなります。指導者は知識を教えるのではなく，子どもが自ら学べる状況を準備し，活用できるように見守ることが重要です。

> 学び方を学ぶために大切なことは，
> ★ 何を考えるのかを明示する。
> ★ 考える時間を確保する。
> ★ 得意な学習方略を活用する。

11 わからないことの理解
～知識習得優先で学習意欲が低下する子ども～

地理の授業では，統計の資料から世界の国と日本を比較してわかることをまとめることが求められましたが，トイチ君には，面積の単位がよくわからず，また比較するイメージがつかめませんでした。先生は日本を基準に色画用紙を使って面積を比べさせると，トイチ君もがぜん楽しくなりました。

わかっているはずの正体

　事例では，先生が，前に教えたことや伝えたことは理解できているはずという前提で授業を進めますが，面積や人口の単位が大きすぎてイメージがもちにくいということでした。縮尺を利用して，それぞれの国の広さを色画用紙の大きさの違いにして貼ってみたことで，広さの違いが実感できただけでなく，さらに自分から次に調べたいという意欲をもつことができました。

わかるということ

　先生は，わからないから教える人，子どもは，わからないから先生に教えてもらう人という関係だけでは，ずっと一方向の指導で，子どもの主体的な学びとは言えません。子どもが得意な学習方略を使用して，自分の既習したことをもとに，もっとわかりたいと思って授業に参加することが大切なのではないでしょうか。

一人ひとりの学び方，みんな違って，みんないい！

　そのためには，一人ひとりの学び方があり，互いにそのことを認め合える学習環境が大切です。ユネスコでは，これからの時代の学びを，「学び方を学ぶ・他者と共に学ぶ・さまざまな行為のやり方を学ぶ・それらを通して自己のあり方を学ぶ」と説明しています。ベルギーのラーバース教授は，教育の質は，居場所感と夢中・没頭の二軸で決まると指摘しています。すべての子どもが，仲間と共にいる教室に居場所感があり安心してクラスに居られ，そこで教えられる内容に没頭できるような教育を保証したいものですね。

> 一人ひとりの学びの保証のために，
> ★「わかっているはず」の前提を見直す。
> ★ 安心・居場所感を保証する。
> ★ 参加・対話・共有・多様性・探求を保証する。

第5章

保護者の心と行動を理解する
5つのポイント
あなたの苦手な動物は？

ここでは，保護者とのよりよい関係づくりのために
保護者の気持ちを読み解いてみましょう。

わたし，ニャンコ先生
はそれぞれの保護者に
寄り添う言葉かけを考
えます。参考にしてみ
でください。

01 いつもイライラ，さされると痛いハリネズミ

～保護者の抱えているストレスを想像しよう～

　ハリネズミに見える保護者は，敏感でとても真面目な方が少なくありません。いつも子どもや自分のことを悪く言われないかと，神経をとがらせています。

　そして，なかなか一筋縄ではいかない子どもを育てる日々の育児の大変さや，わが子の将来の不安等のストレスを抱えている状態なのです。

　もう少し，育児のストレスについて考えてみましょう。

🌸 保護者のストレスの原因

　私達保育者や先生は，子どもと付き合う時間が限られています。ある時間がくれば，子どもは家庭に帰っていきます。また，学年が変われば，担任も変わります。子どもと一生付き合うわけではないのです。

　それに比べ，保護者は365日子どもと付き合っています。睡眠のリズムが整っていない子どもの場合，夜通し起きていることもあり，そうなると，家族の誰かがその子どもに付き合って夜中を過ごしていますから，過度の睡眠不足状態である場合もあります。

　発達に偏りのある子どもを抱える保護者の場合，一般の育児に比べ，そのストレスは，もっと大きいと言えるでしょう。

ストレスって何だろう

一般にストレスということばは使われていますが，厳密には，「ストレッサー」と「ストレス反応」という二つのことばが，曖昧に使われています。

まず，この「ストレッサー」というのが，いわゆる「悩みのタネ」なのです。子どものこと以外にも，①自分の子育てに不安，②イライラして子どもを怒鳴ることが多い，③関わり方がわからない，④自分は子育てに向いてないと思う，⑤自分の時間がとれない，⑥ママ友達との付き合いが苦手など，保護者にはさまざまな悩みがあります。

そして，ストレッサーによる精神的・身体的な反応のことを「ストレス反応」と言い，次のようなものがあります。①気分が晴れない，いつも不安，②ささいなことでカッとする，常にイライラ，③何に対しても意欲がわかない，集中できない，④倦怠感や，頭痛，腹痛という身体反応等です。ストレス反応は，保護者の心身の健康にも悪い影響を及ぼします。

先のハリネズミさんは，この②の反応とも言えます。

保護者のサポーターに

ストレス反応の表れ方には，個人差があります。ストレッサーをどう捉えているかによっても違ってきます。当然，ストレッサーを全部消し去ることは不可能です。要は，いかにうまくこのストレッサーと付き合っていくかということです。この対応を，「ストレスマネジメント」と言います。

助言するより，まずは保護者の悩みのタネに耳を傾けましょう。

大変でしたね。
ここまで，よくがんばられましたね。
お話聞かせてくれてありがとう。

02

歩みの
おそいカメ

～保護者と共に歩むステップ～

　乳幼児健診で，我が子の発達のつまずきを指摘された保護者は，ショック
が隠せません。「少しやりにくいかな」とか「他の子どもに比べてゆっくり
しているな」と健診までの生活の中で気にはなっているものの，それをはっ
きり「○○障がいの可能性」とことばに出されるのは，やはり重い響きです。
「そんなはずはない」「うちの子に限って」「これは悪い夢かも」「思い過ごし
だ」等の感情が渦巻き，家路につく道すがら，隣で無邪気に歩く我が子の顔
が涙でにじんで見えなくなったという話を聞きました。その時の気持ちを考
えると，胸が痛くなります。

　「保護者がなかなか我が子の障がいを認めない」という相談を，巡回指導
で，保育所や幼稚園，学校の先生から受けることもよくあります。

　しかし，このような保護者の思いを知ると，「障がい受容」を強く求める
ことには，抵抗を感じてしまいます。

❀ 進む道は，一本ではない

　子育ては，どれが正解というものではありません。親子が，時間をかけて
自分達に歩めそうな道を手探りで進んでいくものです。支援者は，そのプロ
セスに寄り添い，保護者が子どもの特性を理解し，その子どもが豊かな人生
を送れるようにするために，親子が歩む道を探す手伝いをするのです。どの
道を選ぶかは親子次第です。親子が決めた道を「いいよ，その道一緒に行っ
てみましょう」とついていくのです。子育てには効率のよさを求めません。

カメのようにゆっくり歩いてもよし，ウサギのように途中で一休みしても
かまいません。道草してみると，意外な発見があり，案外見える世界が広が
るかもしれませんよ。

🌸 子育てマラソンの沿道にいる応援隊

　子育てという長いマラソンには，途中の水分補給する場所や，「その調子，
いいよ，がんばって」と声をかける応援隊は必要です。夢中で走っていて，
自分のことがわからなくなっている時もあるので，「そろそろ休みましょう」
と気づいて声をかける人も必要です。保護者支援の役割は，この応援隊だと
思いませんか。

🌸 指導でなく，支援という考え方

　子どもの発達や障がいの特性を知っている専門家が，何も知らない保護者
と，障がいのある子どもに特別な指導をするということではありません。

　今目の前にいるのは，唯一無二の子どもです。一人も同じ子どもはいませ
ん。同様に保護者の抱える事情もそれぞれ違うのです。一緒に悩み，知恵を
出し合い，上手くいっても失敗しても，それを楽しみながら一緒に歩いてみ
ましょう。

さあ，どこへ出かけましょうか。
一緒に行きますよ。

03 ドーンと 重いゾウ
～保護者の心を軽くする言葉かけ～

子どもの障がいがわかった保護者の心には，これからどうしようと不安がズシンと重くのしかかってきます。

このような状態の時には，いくら栄養価の高いものであっても，身体が受けつけず，消化不良になってしまいます。

一人で抱えこまなくて済むように，家族で一緒に考えられるように，父親，祖父母と一緒に話す，子育てのセミナーやサークルへの参加を呼び掛ける等こまめに声をかけましょう。

表情も暗く，話しかけられることを避ける，生活リズムが乱れている等の様子が見られ，子どもも欠席する日が続く状態になってきたら，「うつ」の可能性も視野に入れて対応を考えましょう。

責めず，励まさず

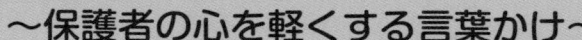

「やりたくてもできない」状態であると捉え，「がんばって」「しっかりしてください」「気にしすぎです」等の声掛けは禁物です。ていねいに話を聞いて，一緒にできることを考えていくのが基本です。家族とも話し合い，休養できる環境を整え，専門機関へ相談することも提案してみましょう。

🌸 育て方のせいではない

　子どものことを，すべて「自分のせい」だと思い，自分を責め，子育てに自信をなくしている保護者もいます。真面目で，人と比較して自分のできていない部分に目がいきがちです。家事も1人で抱え込み，人に頼ることも苦手な人が多いように思います。

　このような時には，「〜ねばならない」は禁物です。子どものよい面を伝えましょう。「あの子は，乱暴に見えるかもしれませんが，泣いている友達のそばには一番先にかけつけてくれるんですよ」と学校での様子を伝えると，「そういう風に子どもを見てくれているんですね」と笑顔が戻ります。

　「上靴の左右を合わせたらパンダの顔になるなんて，靴をそろえるナイスアイデアですね。喜んで靴をそろえるようになっていましたよ」と保護者のさりげないがんばりに気づいて認めると，「先生ちゃんと見てくれていたんだ」とやりがいを感じてもらえます。

🌸 言い換えの術で，発想の転換を

　物事は見方を変えると，マイナスがプラスになることもたくさんあります。子どもの困った行動も，見方を変えれば長所です。「恥ずかしがり」は「控え目」，「動作が遅い」は「慎重さ」，「内気」は「思考派」等，子どもの見方を変えることが，保護者自身の見方を変えることにつながります。

（支援者の非言語的コミュニケーションも大事）
うなずき・相槌・笑顔は OK?

ヘビは2枚舌？言った言わないで大混乱

～保護者との誤解なき情報交換～

　保護者を安心させようと思って，「大丈夫，大丈夫」と安請け合いをしてしまうと，思わぬ失敗をしてしまいます。

　特に，最近は複数の支援者がチームとなって対応することが多くなりました。いろいろな視点で親子に関わってもらえるのはありがたいのですが，人関係には相性がつきものです。保護者も，自分の話しやすい支援者にだけ話をしてしまい，他の支援者には情報が伝わっていないということが起こってきます。しばしば教室を抜け出して，水を飲みに行く行動を咎められた子どもが，家庭で「担任の先生に飲んだらダメって言われた」とだけ伝えたことで，「〇〇先生は，喉が渇いたらいつでもお茶を飲んでいいと言いました」と保護者が学校に連絡してきました。「授業中だから我慢」と言った担任の先生が困ったという話を聞きました。「なぜそんなことを言ったのか」と犯人扱いしたり，「あの親はクレーマーだ」とレッテルを貼ったりするのはちょっと違います。

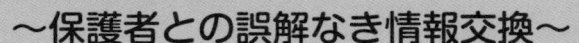 情報の共有化に，エコマップ

　子どもに関わる支援者が複数の場合，支援計画には，家族関係を示すジェノグラム（家系図のようなもの）と一緒に，エコマップ（支援の一覧）をつけておくとよいでしょう。担任，学習支援員，特別支援教育コーディネーター，養護教諭と学校内の支援者だけでなく，学童保育や児童デイサービス，かかりつけの病院も書いておくと，いざという時に慌てなくてすみます。

「あの先生だったら，こういう意味で保護者に伝えているはず」と思える
だけで，次の対応がしやすくなるはずです。

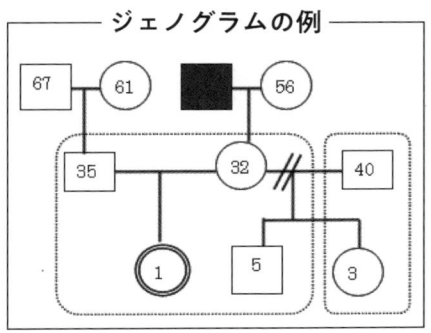

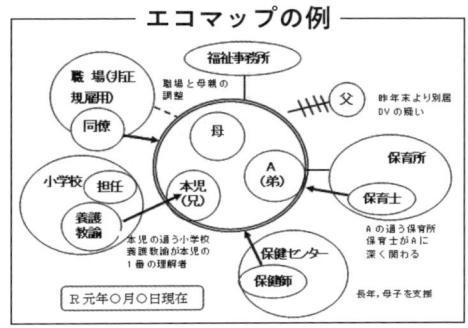

誠実さが，信頼関係の基本

経験の浅い支援者は，保護者からの質問にすぐ答えることは難しいかもし
れません。その場しのぎで答えることはしないようにしましょう。

「お困りですね。私も他の先生に聞いてみます。調べてわかったことは，
明日お返事させてもらいます」と率直に話す方が，保護者も「この先生に話
してみてよかった」と思って安心されるでしょう。

「完璧な親なんていない」というカナダ生まれの子育て支援プログラムが
ありますが，私達支援者自身も完璧ではなく，日々学びながら一緒に歩んで
いる姿勢を伝えることが大切です。

おっしゃりたいことの本当は，○○っていうことで
すよね。

05
小さい魚も
集まって
大きな魚になろう
～まわりの保護者を味方に～

　クラスの中で，障がいのある子どもには，どうしても時間や手がかかります。その様子を見た同じクラスの子どもの保護者が，「うちの子もちゃんと見てください」と心配されるのも無理のないことです。

　そのような周囲の保護者の心配もしっかり受け止めましょう。支援者が曖昧にしている間に，周囲の保護者間で違う内容が膨らんで，間違った情報が広がってしまうこともあります。そうならないために，一人ひとりの保護者の心配を正面から受け止めることが大切です。

🌸 診断名を一人歩きさせない

　時々，「診断名を公表する方が周囲の保護者の理解を得やすいのでは」という相談も受けます。当事者である保護者からの願いであっても，慎重に考えるべきです。子ども自身がそれを望んでいるか，子どもの気持ちを優先することはもちろんです。大切なのは，子どもの周囲の人達が，その子どもの特性を正しく理解し，きちんと対応できるようにすることです。

🌸 保護者の特性をいかす

　子ども以上に関わりにくいと感じる保護者の中に，子どもと同じ特性がある保護者もいます。保護者自身の生活のしにくさや子育てのしにくさがある場合，「～してください」と伝えるだけではうまくいきません。子どもに「忘れないメモ」を手首に巻くように指導した時に，「この方法，私にも使えます」と言われた保護者がいました。いつも提出物が期日までに出せず，電

話で催促することが多かったのですが，子どもへの支援が保護者への支援につながり，その後の提出物忘れは激減しました。

　子どもの絵本袋も，幼稚園の集まりで作ると，「私は手先が不器用で」と言われる保護者に，手芸の好きな保護者が「私が一緒に作ってあげる」と名乗り出てくれたこともあります。反対に，その保護者は計算が得意だったので，バザーでは会計係を引き受けてくれました。

🌸 子育てのつなぎ

　最近，保育・教育の分野にも，ソーシャルワークということばが入ってきました。ソーシャルワークは，単に困っている親子に必要な社会資源を紹介するだけではありません。子どもや保護者が生活していく上での問題を解決するために，必要な社会資源（関係機関だけではなく，親戚や近所の人も含む）との関係をつないだり，調整したりするのです。

　子どもも保護者も１人では生きていけません。集団（社会）の中で，人と関わりながら日々成長していきます。周囲の人と助け合いながら楽しく生活できるように，「支援の循環」をつくっていきましょう。

いつも見てます。応援しています！！
（「見守る」と「監視」は，全く違いますよね。）

第6章

校(園)内の支援体制づくり

ここでは，所属する学校(園)の支援体制づくりについて考えてみましょう。

ぼく，ニャンジー先生と一緒に，今もっているリソースを点検して，子どものための支援体制をつくっていきましょう。

校（園）内での支援体制づくりのレシピ

～どこから始めるか考えてみよう～

校（園）内の支援体制づくりはおいしい料理を作ることと似ています。

おいしい料理は，料理をする人の技だけでできるものではなく，どのような素材があるのかを把握し，その素材をいかすことから始めます。料理として，それぞれの旨味を引き出していくことで料理はさらにおいしくなります。各店のオリジナルの味は，秘伝として受け継がれていくことが大事です。しかし，伝統を守るだけでは発展しません。他の店や地域とのつながりにより，より深い味わいを増すことでしょう。

この章は，おいしい料理のレシピのように，校（園）内の支援体制を考えていきます。まず，自分の立ち位置がどこにあるのかを右頁のフローチャートで診断してみましょう。

自然な素材をいかそう！
学級（クラス）担任として，
　・学級づくり
　・関係づくり
　　　　　　　⇒第6章　②へ

旨味を引き出そう！
子どものよさをさらに発揮
　・個別の指導計画
　・個別の支援計画
　　　　　　　⇒第6章　③へ

秘伝の味を伝えよう！
校（園）内だけでなく，
　・縦の連携
　・支援の引継ぎ継続
　　　　　　　⇒第6章　④へ

他店とコラボしよう！
地域のよさを取り入れて，
　・リソースとの連携
　・リソースの活用
　　　　　　　⇒第6章　⑤へ

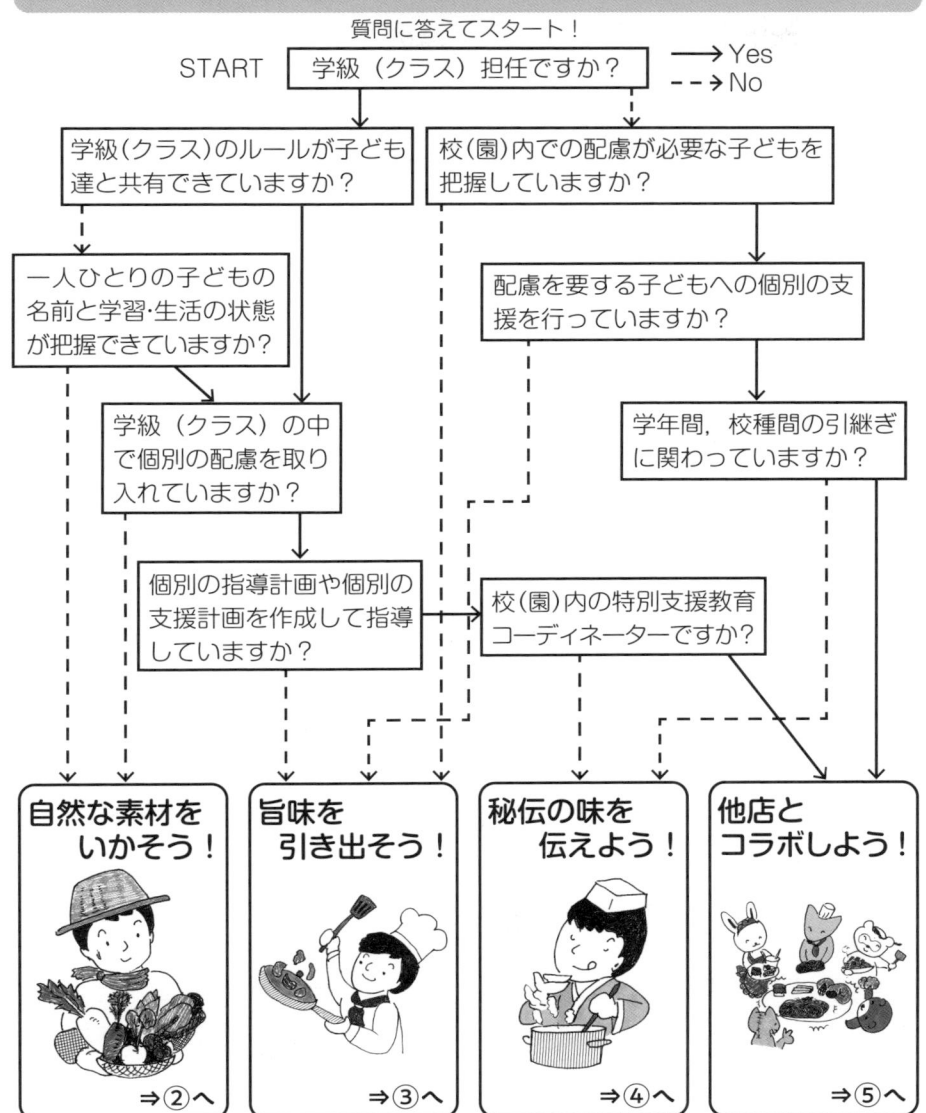

『校(園)内支援体制づくり・連携』のために目指すこと
～子どもの特性を宝に変えて，学級（クラス）づくり，学校づくりをすすめよう！～

質問に答えてスタート！

START　学級（クラス）担任ですか？ ──→ Yes
　　　　　　　　　　　　　　　　 ---→ No

学級（クラス）のルールが子ども達と共有できていますか？

校(園)内での配慮が必要な子どもを把握していますか？

一人ひとりの子どもの名前と学習・生活の状態が把握できていますか？

配慮を要する子どもへの個別の支援を行っていますか？

学級（クラス）の中で個別の配慮を取り入れていますか？

学年間，校種間の引継ぎに関わっていますか？

個別の指導計画や個別の支援計画を作成して指導していますか？

校(園)内の特別支援教育コーディネーターですか？

自然な素材をいかそう！
⇒②へ

旨味を引き出そう！
⇒③へ

秘伝の味を伝えよう！
⇒④へ

他店とコラボしよう！
⇒⑤へ

02 自然な素材を いかそう！

～学級（クラス）担任としての 学級づくり・関係づくり～

　おいしい料理の第一歩は，素材をいかすことです。おいしくなるための素材が揃って，活用されているかを右頁のチェックリストで確認してみましょう。以下は，各素材をいかすための極意です。

●**笑顔**　楽しい気持ちは，まろやかさの秘訣です。余裕がなくなると，笑顔は消えます。まろやかさが消えると，物たりなさを通り越してまずくなります。自分の顔を鏡にうつしてみましょう。心からこみ上げる自然な笑顔が，味のまろやかさの極意です。

●**挨拶**　一つひとつの素材とのハーモニーを醸し出す素材が挨拶です。その他大勢ではなく，一人ひとりに心を込めて挨拶すれば，名前の大切さやその日の状態が実感できるでしょう。極意は子どもの視点に立つことです。

●**会話**　時間がない，忙しいと言い訳して手抜きすると，粗い味つけになります。じっくりとやりとりし，手間暇かけることが大切な極意です。

●**個性**　おいしい料理に仕上げるには，一つひとつの素材のよさを把握することです。そして，素材のよさを一番引き出せる味つけをすることです。

●**称賛**　火加減も重要なポイントです。丁度よい火加減がおいしさを引き立てます。荒々しい火加減では仕上がる前に焦がしてしまいます。

●**習慣**　最後の味つけの決め手となるスパイスは，よい習慣です。学級規律の域を越えた互いにプラスに働く自発的な行動が習慣化されることです。

学級(クラス)づくり・関係づくりの素材チェック

~素材が揃っているか，いかせているかのチェックです~

項目	素材	✓	素材の活用	✓
学級担任	笑顔		①いつも教室には，笑顔で入る。	
			②子どもをほめる時は笑顔でほめる	
			③子どもと一緒にいるだけで笑顔になる。	
			④同僚から子どもの話を聞くと笑顔になる。	
			⑤子どもの話をすると自然と笑顔になる。	
	挨拶		①子どもと会った時に挨拶する。	
			②子どもの名前を呼んで挨拶する。	
			③子どもの目線になって，名前を呼んで挨拶する。	
	会話		①毎日，一人ひとりに声を掛ける。	
			②気になる子どもには，早い段階で声を掛ける。	
			③配慮を要する子どものことは，他の職員にも相談する。	
学級	個性		①「みんな違ってみんないい」が尊重されている。	
			②一人ひとりの得意なことと苦手なことが互いに理解されている。	
			③一人ひとりのよさが発揮できている。	
	称賛		①がんばっている姿をほめることばが出る。	
			②結果ではなく，取り組んでいる過程をほめることができる。	
			③人と比べてほめるのではなく，個人内の取り組みをほめることができる。	
	習慣		①友達同士で挨拶する。	
			②自分たちで決めたルールを守る。	
			③ヘルプのサインが出たら互いに助け合う。	
			④一人ひとりの学び方を認める。	

※素材の不足は補っていきましょう！
※素材が活用できていない時は意識して活用しましょう！

03 旨味を引き出そう！
～子どものよさを さらに発揮する指導計画～

　素材をいかし，それぞれの旨味を引き出すことでおいしい料理ができるように，学級（クラス）経営の中でも，格別の素材をいかすポイントをまとめたレシピ「個別の指導計画」を作成しておきましょう。右頁は，「個別の指導計画」の旨味のポイントチェックです。

　1つの料理に，いくつものレシピがあるように，複数の計画があります。ここでは，それぞれの基本と特徴，留意点をまとめておきます。

❀ それぞれのレシピの特徴と留意点

●**個別の支援計画**　福祉領域において障がいや発達障害のある子どもに対し福祉サービスを提供するに当たって作成するものです。主に，入学時に学校に提出されることが多いものです。

●**個別の教育支援計画**　子どもの幼児期から切れ目のない支援や，学校教育修了後の支援への継続を目的としているのが特徴です。学校（園）が主体として作成する横の連携や縦の接続を含む計画です。幼児児童生徒の支援に関わる関係機関と情報を共有し，長期的なスパンで立案することに留意します。

●**個別の指導計画**　学校（園）での具体的な教育について計画したものです。具体的な指導内容に深く迫り，1回作成したら終わりではなく，学期ごと，あるいは前期・後期ごとのように見直しをします。「個別の教育支援計画」に基づいて作成することに留意します。

個別の指導計画　旨味チェック
~素材のリサーチは OK ですか，子どものよさも見逃さないのがポイントです~

旨味	✓	旨味のポイント	✓
実態把握		①主訴	
		②家族構成・家族状況	
		③生育歴・教育歴・相談歴	
		④学級の状況（保育形態）	
		⑤知能・認知特性・その他	
		⑥学力・表現活動（造形・音楽リズム）	
		⑦行動・社会性（集団活動への参加）	
		⑧言語（ことば）・コミュニケーション	
		⑨運動（粗大・巧緻性）・基本的生活習慣	
		⑩身体・医学的情報	
		⑪興味関心・強い面・指導に利用できること	
		⑫校（園）内の体制	
指導目標		①具体的・段階的・明確	
		②一定期間に達成可能	
		③結果が見える（測定可能・観察可能）	
		④子どもが意識できる	
指導の手立て		①具体的な指導内容	
		②子どもの長所（得意な特性）をいかした指導	
		③合理的配慮	
		④家庭や特別な場との連携や役割分担	
評価改善		①指導・配慮の有効性の振り返り	
		②実態把握の見直しの必要性	
		③目標の見直しの必要性	

秘伝の味を
伝えよう！
〜校（園）内だけでなく，
縦の連携・支援の引継ぎ〜

せっかくよいレシピができても，校長先生や特別支援教育コーディネーターの異動で形骸化しては勿体ないですよ。うまく引継がれるように，右頁で確認してみましょう。伝承するためのポイントを以下に記述します。

❀ 伝承するためのポイント

●**重要な情報を繋ぐツール**　福祉領域においては「個別の支援計画」が，教育領域においては「個別の教育支援計画」「個別の指導計画」が作成されています（p.122）。これら以外にも，子どもや保護者と関わる機関が情報を共有化するための支援ツールとして，地域により，さまざまな名称のツールの活用がなされています。長期的な視点に立ち，学校卒業後，地域での生活に向けた福祉サービス利用等への移行が円滑に進むように，重要な情報が継続して伝わっていくツールであることが前提です。

●**作成する側と読み取る側の立場の違い**　それぞれの立場により差が出ます。送る側は秘伝をたくさん伝えたいと考えますが，受ける側が必要な情報をどう受け止めるかわかりません。送る側が事前に受ける側の求めるエッセンスだけを先に聞いて整理しておくと秘伝の極意が伝わりやすくなります。

●**「合理的配慮」の具体的明記と引継ぎ**　子どもや保護者の願いを尊重し，子どもや保護者も含めた関係者で合意形成した「合理的配慮」の具体的内容について，明記することが，受験や就労等，生涯にわたる支援につながります。「合理的配慮」は，必ず伝える秘伝です。

伝える秘伝の味　事前確認
~秘伝伝承先，秘伝書，秘伝エッセンスを確かめましょう！~

─ 秘伝伝承先（伝える相手）─

☐療育機関　　☐放課後等デイサービス
☐保育所（園）　　☐幼稚園　　☐小学校　　☐中学校
☐特別支援学校　　☐高等学校　　☐大学　　☐専門学校
☐事業所　　☐企業

─ 秘伝書（秘伝の味が記されている）─

☐計画
　☐個別の支援計画　☐個別の教育支援計画　☐個別の指導計画

☐シート
　☐移行支援シート　　☐就学支援シート　　☐引継ぎシート

☐ブック・ファイル・その他
　☐サポートブック　　☐相談支援ファイル　　☐その他

☐該当なし→秘伝の味を再チェック

─ 秘伝エッセンス準備 ─

☐受ける側が欲しい秘伝準備（事前確認済み）
☐合理的配慮

05

他店と
コラボしよう！
〜リソースの連携と活用〜

　秘伝の味を一工夫するのは，地域のよさを取り入れてのコラボレーションです。他店や地域とのつながりによって，新メニューを開発するように，子どもが地域で生きやすくなるための連携を図示します。右頁を活用し，地域の実情に留意して，連絡してみましょう。主な各店の紹介です。

●**特別支援学校（センター的機能）**　特別支援学校には，教育上の高い専門性をいかしながら地域の小・中学校を積極的に支援していく，特別支援教育の「センター的機能」があります。主なメニューとしては，センター的機能対象地域の教員への支援機能や研修協力機能，特別支援教育等に関する相談や情報提供機能，障がいのある幼児児童生徒への指導や支援機能や施設設備等の提供機能，福祉，医療，労働等の関係機関等との連絡や調整機能があります。

●**通級指導教室**　小・中学校の通常の学級に在籍する，比較的軽度の障がいがある児童生徒に対して，障がいの状態に応じて特別な指導を行うための教室です。教科の学習は通常の学級で行い，障がいの状態を改善・克服するための自立活動が中心です。

●**専門家チーム**　学校・園からの申し出に応じて LD，ADHD，ASD か否かの判断と対象となる幼児児童生徒への望ましい教育的対応について専門的な意見の提示や助言を行うことを目的として，教育委員会に設置されています。

コラボ　実施可能および実施計画
~リソースとの連携や活用計画マップを作成してみましょう！~

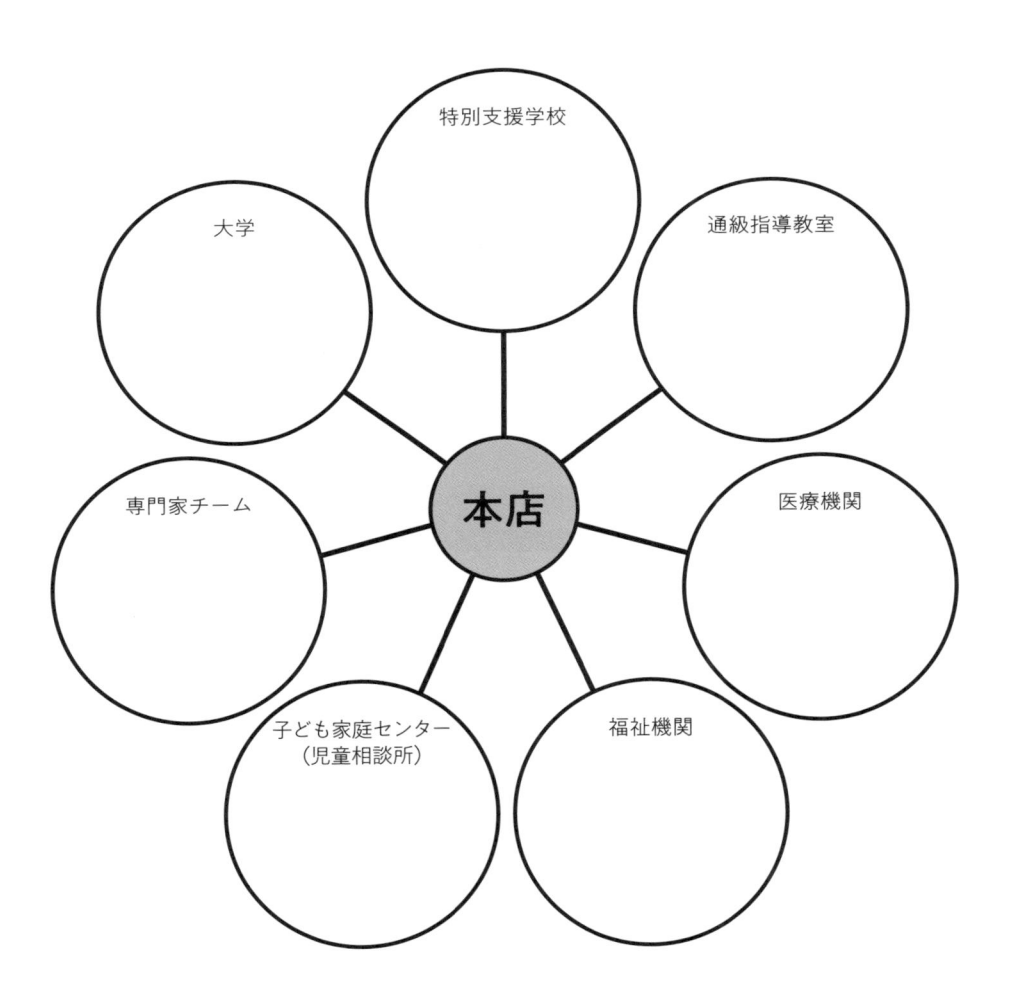

おわりに
「私，失敗したままで終わらないので！」

　「一人ひとりが違っていい」特別支援教育を具現化するためには，学び方の多様性という視点を教師や支援者がもつだけでなく，それが，一般的に当たり前になる地域社会でなければなりません。その地域人を育み教えていくのが教師や支援者の使命なのです。教師や支援者は，目の前にいる子どもやその保護者や関係者と一緒に，その当たり前を日々，実践してみせることが今できる最大の特別支援教育かもしれません。

　私が教師になったのは，昭和の時代でした。なったばかりの頃は，子どもと一緒にいることだけで楽しくて，毎日があっという間でした。でも，授業がうまくいかない，学級経営がうまくいかないともがくことが増えるたびに失敗したなという思いで悶々とする日々が増えていったような気がします。何の解決にもならないことがわかっていても，うまくいかない理由を保護者や子ども，同僚や管理職の中に見つけようとしている時もありました。

　時間はかかりましたが，うまくいかないのは，子どもから出ているサインをうまくキャッチできていない，あるいはキャッチしてもその意味を理解していない自分にあることに気づきました。実践の楽しさは，すぐに子ども達から反応が返ってくることです。自分の関わりや指導が間違っていたら，子ども達が「間違っているよ，このやり方は合ってないよ」とサインを出してくれます。その時は，子どものせいにするのではなく，やり方を変えるか，関わりや指導を止めて，もう一度，心と行動を読み解く作業に戻ります。

　このような，日々の子ども達との関わりを通じて学んだことや諸先輩から教えていただいたことをいつかまとめることができたらというのが，私達二人の夢でした。今回，このように，本書にまとめる機会をいただき，企画や原稿の内容をどうするかを色々話し合いながらすすめました。

　本書のコンセプトとして確認したのが，「How to 本」にしないこと，実践と知識をつなぐこと，「感性を磨く礎」になることでした。「こんな時にはこ

うする」という内容を避ければ，「How to 本」にはならなくて済むと思いました。

　また，実践部分のはてなと思う部分や行動の背景にある意味や科学性については，私達がこれまで教えていただいた先達の知識を用いて解説するように心がけました。手探りの実践を確かなものにするには，エビデンスが重要であることも実感してきたからです。

　しかし，「感性を磨く礎」はどのようにすればという課題にぶち当たりました。最終的に，この部分を本書で伝えきることは難しいという結論に至りました。「感性を磨く」のは，目の前にいる子どもから出ているサインや合図を感じとる力を磨くことしかないからです。その一助として，自分の支援や指導の意図と子どもからのサインの受け止めのズレを感じた時，本書を参考に振り返っていただければ有り難いと思います。

　「私，失敗しないので」というのは，TV に出てくる名医の台詞でしたが，私達も，かけがえのない子ども達の人生に関わっています。失敗を次にいかすのではなく，「ピンチの後にチャンスあり」の精神で，すぐに次の支援を考えて検討し実行するのが，「いつもバタバタ，タカバタ君」のモットーでもあります。「私，失敗したままで終わらないので！」と言えるように，今後も仲間と共に歩み続けたいと願っています。

　何より，これまで関わってきた子ども達や保護者の皆様に大変感謝いたします。そして，私達二人のパワーの源は初孫の存在です。いつも，振り回してきたにもかかわらず，そっと見守ってくれている家族にも一言，お礼が言いたいです。

　また，本書の出版にあたり，明治図書出版株式会社の佐藤智恵氏に企画の段階からご相談にのっていただき，適切なご助言やご配慮を賜りました。心より，感謝申し上げます。

ニャンジー先生こと　高畑　英樹

参考・引用文献

●あべひろみ著（2003）：うちの子かわいいっ親ばか日記，ぶどう社
●明橋大二監修（2018）：HSC子育てあるある　うちの子はひといちばい敏感な子！，1万年堂出版
●秋田喜代美著（2012）：学びの心理学，左右社
●藤田和弘監修（2008）：長所活用型指導で子どもが変わる Part 3，図書文化社
●福島哲夫編（2018）：公認心理師必携テキスト，学研プラス
●原坂一郎著（2008）：「言葉がけ」ひとつで子どもが変わる，PHP研究所
●一般財団法人特別支援教育士資格認定協会編（2017）：LD,ADHD & ASD 2017年4月号，明治図書
●特別支援教育士資格認定協会編（2018）：特別支援教育の理論と実践，金剛出版
●柏女霊峰監修・編著（2010）：保護者支援スキルアップ講座，ひかりのくに
●河村茂雄編著（2005）：ここがポイント　学級担任の特別支援教育，図書文化社
●河村茂雄編著（2006）：Q-Uによる特別支援教育を充実させる学級経営，図書文化社
●小枝達也編集（2008）：5歳児健診，診断と治療社
●久芳美恵子・梅原厚子編著（2006）：イラスト版こころのケア，合同出版
●名須川知子・大方美香監修（2017）：インクルーシブ保育論，ミネルヴァ書房
●西坂小百合監修（2016）：0～6歳わかりやすい子どもの発達と保育のコツ，ナツメ社

●落合みどり著（2003）：十人十色なカエルの子，東京書籍
●大豆生田啓友著（2011）：これでスッキリ！子育ての悩み解決100のメッセージ，すばる舎
●白石正久著（1998）：子どものねがい子どものなやみ，クリエイツかもがわ
●白石正久著（1999）：発達とは矛盾をのりこえること，全国障害者問題研究会
●高辻千恵・山縣文治編著（2016）：家庭支援論，ミネルヴァ書房
●高山恵子監修（2007）：育てにくい子に悩む保護者サポートブック，学習研究社
●竹田契一監修（2010）：乳・幼児期の気づきから始まる安心支援ガイド発達障害 CHECK & DO，明治図書
●竹田契一監修（2013）：保育における特別支援，日本文化科学社
●田中昌人・田中杉恵著（1982）：子どもの発達と診断，大月書店
●月森久江編集（2006）：教室でできる特別支援教育のアイデア　中学校編，図書文化社
●上野一彦監修（2013）：Ｕ－ＣＡＮの発達障害の子の保育　さいしょの一冊！，Ｕ－ＣＡＮ
●上野一彦監修（2017）：学習指導要領改訂のポイント　通常の学級の特別支援教育，明治図書
●涌井恵編著（2014）：学び方を学ぶ，ジアース教育新社
●吉田甫・多鹿秀継編著（1995）：認知心理学からみた数の理解，北大路書房
●湯汲英史編著（2011）発達障害のある子どもと話す27のポイント，かもがわ出版

●ニャンコ先生＆ニャンジー先生●

【著者紹介】

高畑　芳美（たかはた　よしみ）…第1章・第2章・第5章
兵庫教育大学大学院連合学校教育学研究科修了
博士（学校教育学）
元公立幼稚園教諭，長年，通級指導教室担当として，障がいのある幼児児童生徒や保護者の支援や相談を行ってきた。
現在，大阪保育福祉専門学校／池坊短期大学非常勤講師，兵庫教育大学附属小学校スクールカウンセラー，小野市発達支援コーディネーター，NHK発達相談員。
公認心理師，言語聴覚士，特別支援教育士スーパーバイザー。

高畑　英樹（たかはた　ひでき）…第3章・第4章・第6章
兵庫教育大学大学院連合学校教育学研究科単位取得退学
修士（学校教育学）
公立小学校教諭として，36年間勤務し，特別支援学校教育相談担当，通級指導教室担当として，障がいのある幼児児童生徒や保護者の支援や相談を行ってきた。
現在，花園大学社会福祉学部非常勤講師を兼任。
公認心理師，臨床心理士，特別支援教育士スーパーバイザー，学校心理士スーパーバイザー。

〔イラスト・マンガ〕たかはた　よしみ

特別支援教育サポートBOOKS

マンガで学ぶ　特別支援教育
子どものココロと行動の読み解きガイド

2019年10月初版第1刷刊　Ⓒ著　者	高　畑　芳　美	
	高　畑　英　樹	
発行者	藤　原　光　政	
発行所	明治図書出版株式会社	

http://www.meijitosho.co.jp
（企画）佐藤智恵（校正）nojico
〒114-0023　東京都北区滝野川7-46-1
振替00160-5-151318　電話03(5907)6703
ご注文窓口　電話03(5907)6668

＊検印省略　　　　組版所 株式会社木元省美堂

Printed in Japan　　　　　ISBN978-4-18-332718-5

もれなくクーポンがもらえる！読者アンケートはこちらから →